인공지능은 K-엔터를
어떻게 바꾸는가

AI 시대,
엔터테인먼트의
미 래

한정훈 지음

Pegasus
페가수스

텍스트, 음성, 비디오 등 주어진 명령에 따라 원하는 결과를 만들어내는 생성 AI가 우리의 일상이 됐다. 2022년 11월에 처음 등장한 챗GPT는 이전에 출시된 어느 기술보다 빠르게 사람들 사이에 퍼져나갔다. 교육, 엔터테인먼트, 의료, 법률, 제조 등 AI를 투입하지 못할 곳이 없고, 각 산업 분야마다 AI를 만나면서 관련 환경이 빠르게 변하고 있다.

전문가들은 이전의 어느 기술보다 AI를 의미 있게 보고 있다. 인터넷 발명 이후 가장 중요한 기술 발전이라고 말하는 사람들도 많다. AI가 산업의 모든 영역에 적용되는 이른바 '요소 기술' 이기 때문이다. AI 엔터테인먼트, AI 교육, AI 의료, AI 법률, AI 헬스 등 AI가 붙지 않는 영역을 찾기 힘들 정도다.

그중에서도 '엔터테인먼트'는 다른 어느 영역보다 AI에 많은 영향을 받을 것으로 보인다. 엔터테인먼트는 그동안 노동 집약적이고 시간 집약적인 분야였기 때문에, AI가 본격적으로 적용될 경우, 업무 프로세스나 제작 생산물의 품질 등에서 비약적인 개선이 이루어질 것으로 보인다.

AI 기술이 발전하면서, 그동안 블루스크린Blue Screen을 이용해 찍었던 SF영화가 역사 속으로 사라질 것으로 보인다. 우주 공간에 대한 묘사를 AI에 맡기면, 이전과 전혀 다른 공간 규정이 가능하다. AI 제작도 마찬가지다. 디지털 휴먼, AI 더빙, AI 자막 등이 이미 상당 수준 발전했고, 앞으로 그 성능이 빠르게 향상될 것으로 보인다.

이 책이 주목하는 지점이 바로 여기다. AI의 도입과 함께 변화해가는 엔터테인먼트 현장의 모습을 조망하고, 미래를 예측하려고 노력했다. AI 영화, AI 드라마, AI 오디오, AI 음악 등 각각의 장르별로 현재와 미래를 살펴보았다.

엔터테인먼트 관련 예술가 중 상당수는 이미 AI를 창작 작업에 사용하고 있다. 작가, 작곡가, 영화 편집자 등 여러 영역의 전문가들이 AI를 창작 작업에 녹여내고 있다. 음악 유통 사업자 디토 뮤직 Ditto Music이 조사한 바에 따르면, 대중음악가의 60%가 AI를 창작 작업 어딘가에 사용하고 있었다. 사용 범위도 다양해서, 작품 개발 단계(38%)는 물론 마스터링 단계(31%), 제작 단계(20%)까지 매우 광범위하게 사용하는 것으로 확인되었다. 심지어 AI를 작곡 보조로 사용한다는 응답도 11%나 됐다.

AI를 이용해 완전한 음악을 만드는 AI 작곡 솔루션도 일반화되고 있다. AI 음악 창작 플랫폼 포자랩스 Pozalabs는 드라마나 영화에 사용할 수 있는 AI 음악(AI가 만든 음악)을 제공하고 있는데, 작곡가들은 포자랩스가 제공하는 다양한 음원으로 자신만의 창작 음악을 만들 수 있다.

향후 이 회사는 음악에 관한 전문 지식이 없는 일반인들도 손쉽게 자신의 취향에 맞는 음악을 만들 수 있는 AI 음악 창작 솔루션을 내놓을 계획이다. AI를 이용한 음악 창작이 좀 더 대중적으로 본격화되는 것이다. 이런 경향은 음악 분야뿐만 아니라 영화 제작, 소설 집필 등 다른 예술 영역도 크게 다르지 않다.

물론 우려도 있다. 디토 뮤직의 조사에서 전체 응답자의 30%가량은 AI 기술을 사용해 새로운 작품을 만드는 것에 대해 걱정했다. 기술의 완성도에 대한 걱정(28%)도 있었고, 창의성에 대한 우려(23%)도 있었다. 그러나 이 같은 걱정 역시 AI 기술이 발전하면서 점차 해결되고 있다. 특히, 텍스트·이미지·오디오를 주어진 명령에 따라 생산하는 생성 AI가 등장한 이후, AI의 사용이 이전보다 보편화 되고 있다. AI를 쓰기 편리해졌고, AI가 생산하는 콘텐츠의 제작 시간도 짧아졌다.

AI를 창작에 활용하는 사람들에 대한 인식이 높아지면서, 이제 AI가 창작자의 자리까지 위협하고 있다. 2023년 5월 파업에 돌입한 미국 작가 조합(WGA)도 각본 집필 과정에 AI를 사용하는 데에는 동의했지만, AI에 저작권료를 주거나 소개 자막에 명칭을 올리는 데에는 극구 반대하고 있다.

AI는 이제, 음악, 영화, 드라마 등의 창작, 제작 심지어 유통에까지 개입하고 있다. 음악가들은 AI 툴을 이용해 새로운 사운드를 찾을 수 있고, 자신이 녹음한 콘텐츠의 질도 개선할 수 있다. 소비자의 선호도에 따라 이전의 음악을 변경할 수도 있다. AI의 이 같은 능력은 다른 영역에서도 그대로 적용된다. 엄청난 데이터를 학습하는 AI의 특성상, 이 기술의 능력은 앞으로도 빠르게 발전할수밖에 없다. 우리가 AI에 대해 더 깊고 면밀하게 살펴봐야 하는 이유다.

한 가지 재미있는 것은 기술이 발전함에 따라 모든 산업에 통용되는 유니버설한 AI가 사라지고, 음악·소설·영화 등으로 영역이빠르게 세분화·전문화되고 있다는 점이다. 그렇다면 AI 시대에 인간 창작자의 역할은 여전히 유효할까? 다수의 결론은 여전히사람의 손길이 필요하다는 것이다. 오히려 '휴먼 터치human touch'가가미된 작품이 더 열렬한 지지를 받을 것이라는 의견이 많다. 인간과 AI가 공존할 수 있는 영역이 바로 여기다. 이 책 역시 이 지점에 주목하고 있다. 예술 창작은 여전히 유기적이며 섬세한 작업이다.

AI를 엔터테인먼트에 적용하거나 제외하는 결정은 인간의 주관적 판단의 영역이다. 그러나 사용 빈도는 점점 높아지고 있고, 앞으로 더욱 확대될 것이다. 따라서 AI를 어느 수준으로 사용해야 할지 최종 판단을 하기 전에, 이 기술을 정확히 파악하고 진화 과정을 예측할 필요가 있다. 이 책에서 AI와 엔터테인먼트에 관해 정리하겠지만, 필자로서는 앞으로 계속 더 정리해야 한다는 숙제를 받은 느낌이다. 이 책이 독자들에게 AI와 엔터테인먼트를 이해하는 작은 길을 제공했으면 하는 바람이다.

한정훈

차례

AI와 미디어 그리고 엔터테인먼트

캄브리아기 대폭발Cambrian explosion. 다양한 동물 화석이 갑자기 출현한 지질학적 사건에서 유래한 용어다. 보통 업계에서 제품이나 용어가 한꺼번에 쏟아지는 상황을 말할 때 이 표현을 쓴다. AI의 등장도 캄브리아기 대폭발이라 부를 수 있다.

유튜브의 등장을 뛰어넘는 변화

생성 AI가 벤처캐피털, 미디어, 테크놀로지 업계에서 이전의 웹3.0, 메타버스 등을 빠르게 대체하고 있다. 챗GPT, 달E DALL-E, 미드저니Midjourney 등 생성 AI 솔루션 툴의 사용 빈도가 시장에서 빠른 속도로 증가하고 있다. 미디어 트렌드 조사업체 버라이어티 Variety 는 이 현상을 '인터넷 30년 역사 중 가장 빠른 확산 속도'라고 정리했다.

오픈소스 개념으로 챗GPT, 미드저니 등의 API가 공개되면서 AI 생태계가 크게 확장되었다. 이들의 출시 이후, 정부와 기업, 언론, 학교, 군대 등 사회의 여러 영역에서 AI를 도입해 기능을 발전시키고 있다. 생성 AI는 적용 범위가 방대하고 잠재적인 적용 분야도 대단히 넓다.

엔터테인먼트 업계도 마찬가지다. 영화, TV, 음악, 각본, VFX, 게임 등 AI가 다루지 못하는 영역은 사실상 없다. 엔터테인먼트 업계에서는 AI의 등장을 유튜브가 시작된 2005년 이후 가장 큰 전환이라고 보는 시각이 많다. 유튜브가 미디어 권역을 민주화했듯이, AI가 콘텐츠 제작과정이나 제작 권력을 자유롭게 할 것이라는 분석이다. 유튜브는 크리에이터 이코노미 Creator Economy 를 만들었고, AI는 크리에이티브 프로페셔널 Creative professional 의 시대를 열 것으로 본다.

한국 엔터테인먼트 업계도 AI에 관한 관심이 뜨겁다. 2023년 4월 27일, 한국음악콘텐츠협회가 용산 드래곤시티에서 'AI와 K팝의 미래'라는 주제로 컨퍼런스를 개최했는데, 당시 업계와 학계에서 300여 명의 관계자가 참석해 자리를 가득 메웠다. 이 자리에는 포자랩스, 수퍼톤, 주스, 엔터아츠, 사운드마우스 등 음악 AI 기업들이 참여해 기술 현황과 쟁점을 소개했다.

K팝의 글로벌화를 이룬 기업들도 움직이고 있다. SM엔터테인먼트, 하이브 등 국내 최대 음악기획사들이 AI를 주요 사업 전략으로 채택했다. SM엔터테인먼트는 그룹 '에스파' 관련 콘텐츠에 여러 차례 등장했던 캐릭터 '나이비스'를 AI를 이용한 디지털 휴먼 아티스트로 제작 중이다. 방탄소년단BTS이 소속된 하이브는 450억 원을 투자해 AI 관련 스타트업 수퍼톤의 지분 56.1%를 인수하고 협업 프로젝트를 진행 중이다. 하이브의 방시혁 의장은 미국 빌보드와의 인터뷰에서 '프로젝트 L'이라는 작업 명을 공개하고 "회사의 중요한 전략 중 하나가 될 것"이라고 강조했다.

수퍼톤은 AI를 이용해 사람 목소리 샘플로 새로운 노래를 부르거나 다양한 언어로 번역하는 보이스 클로닝Voice Cloning 기술을 가진 회사다. K팝 컨퍼런스 현장에서 미국 가수 이디나 멘젤Idina Menzel이 부른 곡 '렛 잇 고'를 가수의 목소리 그대로 일본어, 중국어 등으로 변환 적용한 영상을 공개해 많은 관심을 받기도 했다.

수퍼톤의 이교구 대표는 〈조선비즈〉와의 인터뷰에서 "수퍼톤의 AI 오디오 기술은 콘텐츠 제작의 모든 단계에 적용할 수 있다. 음악 콘텐츠에서 시작해 점차 인지도를 넓혀 영화와 애니메이션, 오디오북, 게임 등 여러 콘텐츠 분야에서 창작자들로부터 가치를 인정받고 있다."라고 말했다.

생성 AI란 무엇인가

생성 AI는 대량의 입력 데이터를 기반으로 새로운 출력을 만들어내는 '딥러닝 모델'을 사용한 AI다. 일반적으로 대규모 언어 모델LLM, Large Language Models을 기반으로 만들어진 인공지능이라고 볼 수 있다. 엄청난 양의 정보를 학습한 만큼, 인간에 가까운 결정을 할 수 있다.

생성 AI를 탑재한 소프트웨어는 언어(문자, 코드), 이미지(2D, 3D), 오디오(음악, 보이스), 비디오 등 다양한 결과물을 생산하거나 조작할 수 있다. 생성 AI의 가장 큰 특징은 엄청난 데이터를 학습했다는 점이다. 공개된 웹사이트, 텍스트, 코드, 보이스, 음악, 비디오 등 다양한 콘텐츠를 모두 스크랩할 수 있는데, 이 때문에 생성 AI에 대한 저작권 침해 논란이 끊이지 않는다.

생성 AI 소프트웨어는 최소한의 질문으로도 기존 미디어 콘텐츠 포맷을 만들어낼 수 있고, 입력된 소스들을 이용해 하나의 포맷에서 다른 포맷으로 바꿀 수 있다. 쉽게 말해 자연어 텍스트 프롬프트_{text prompts}를 비디오나 이미지로 만들어낼 수 있다. 챗GPT나 구글의 바드_{Bard}, 미드저니 등도 마찬가지다. 이용자들이 입력한 내용대로 포맷을 변환해 생성해 내는 것은 생성 AI의 기본이다. 생성 AI 솔루션의 궁극적인 방향은 텍스트로 모든 것을 만들어내는 것일 수 있다.

텍스트 : 자연어 명령을 문서 콘텐츠로 생성

코　드 : 자연어 명령이나 코드 콘텍스트 입력 후 코드 자동 완성

이미지 : 텍스트 프롬프트 혹은 이미지를 이용해 이미지를 만들거나 변경

음　성 : 기존 음성 오디오 또는 비디오 파일, 스크립트 텍스트가 지정한 음성이나 노래를 생성, 모방 또는 수정

음　악 : 멜로디나 효과음을 만들거나 음악을 자동 작곡

영　상 : 텍스트 프롬프트나 기존 비디오를 이용해 새로운 비디오를 생성

AI 기반 응용 프로그램의 적용 범위는 엄청나게 넓다. 특히, 생성 AI의 기반이 되는 대규모 언어 모델은 인터랙티브한 대화가 가

능한 '고객 서비스 챗봇'을 만들 수 있다. 향후 성장 가능성이 매우 크다는 이야기다. 일부 AI 모델은 법률, 의학 등 의학 진단 용도로까지 사용할 수 있다.

AI 시장이 성장하면서 관련 기업이 많아지고 투자도 늘고 있다. 오픈AI OpenAI, 스태빌리티AI StabilityAI, 허깅 페이스 Hugging Face, 코히어 Cohere, AI21 랩스 AI21 Labs, 앤스로픽 Anthropic, 미드저니 같은 스타트업 뿐만 아니라 엔비디아 NVIDIA, 메타 Meta, 구글 Google, 아마존 Amazon, 세일즈포스 Salesforce 등 빅테크들도 AI에 집중하고 있다.

AI 모델 개발은 두 가지 방향으로 진행되고 있다.

첫 번째는 오픈AI와 같은 스타트업들이 내놓은 기본 모델을 바탕으로 의료, 교육 등 각 분야에 특화된 AI 애플리케이션을 내놓는 방향이다. 특정 AI 모델을 활용한 응용 애플리케이션 생태계가 만들어지고 있는 것이다. 오픈AI의 GPT-3 언어 모델의 경우, 다양한 분야에서 수천 가지 AI 애플리케이션을 만들어내고 있다. 그 밖의 AI 도구들도 텍스트, 이미지, 오디오, 비디오를 복제 생성해내는 크리에이터 도구로 진화하고 있다.

두 번째는 테크 기업들이 자신들의 현재 기술과 제품에 생성 AI를 탑재하는 트렌드인데, 앞으로도 이 같은 트렌드가 계속될 것으로 보인다. 마이크로소프트는 자사의 검색엔진 빙 Bing 에 오픈AI의

GPT-4를 탑재했다. 향후 마이크로소프트는 워드, 엑셀, 파워포인트 등 업무 도구에도 AI를 탑재해 생산성을 높이겠다는 전략이다.

음악 스트리밍 플랫폼 스포티파이Spotify는 오픈AI의 기술을 탑재한 맞춤형 'AI DJ'를 공개했다. 합성된 음성의 DJ가 구독자 개개인의 취향에 맞춘 플레이리스트로 음악을 소개하는 기능이다. 틱톡Tiktok은 텍스트를 이미지로 바꿔주는 '그린 스크린green screen' 기능을 추가했다. 틱톡 사용자들이 동영상의 배경을 만들 때 사용하는 기능이다. 유튜브는 크리에이터가 자신의 비디오에 AI 툴을 사용해 편집, 섬네일 등을 제작할 수 있도록 생성 AI 기능을 추가할 계획이다. 게임 회사 로블록스Roblox도 게임 개발자들이 텍스트와 자동 완성 코드를 활용해 새로운 게임 아이템을 만들 수 있도록 AI를 탑재할 계획이다.

틱톡에 앞서 동영상 공유 플랫폼 스냅Snap도 광고주 설명회에서 챗GPT를 접목한 '마이 AIMy AI'를 테스트하고 있다고 밝혔다. 마이 AI는 친구처럼 이용자들이 대화하고 소통할 수 있는 챗봇 플랫폼이다. 음식 재료를 찍어 공유하면, 해당 재료를 활용해 만들 수 있는 음식 등 관련 정보를 추천한다. 마이 AI 관련 설명회에서 스냅의 CEO 에반 스피겔Evan Spiegel은 "아직 손 볼 것이 많지만, 마이 AI의 정확도와 적절성이 99%를 넘는다."라고 말했다.

스냅의 2023년 1분기 일간 활성 이용자는 3억8,300만 명에 달한다. 광고주들이 마이 AI를 통해 자신의 브랜드나 제품을 맞춤형으로 홍보할 수 있을 것으로 보인다. 마이 AI가 지도와 연동된 AR 렌즈를 추천하고, 스냅에서 독특한 생성 이미지를 공급할 수도 있다.

생성 AI는 미디어와 엔터테인먼트 비즈니스에서 다양한 영향력을 발휘하며 발전하고 있다. AI가 생성한 결과물이 사용자들에게 텍스트, 이미지, 시청각(비디오, 영화, TV, 게임, 소셜미디어 서비스), 오디오(음악, 팟캐스트, 오디오북) 등 현재 유통되는 모든 콘텐츠 포맷으로 변화하여 전달될 수 있다.

AI 도입 이후 변화하는 생산 방식

생성 AI의 등장으로 미디어 콘텐츠의 창작 방식이 크게 변화하고 있다. 기술이 발전할수록 AI가 영화, TV, 게임, 음악 등의 제작 과정에 더 깊숙이 파고들어 창작 방식을 변화시킬 것으로 보인다. 현재 만들어지고 소비되는 콘텐츠 창작, 작업 프로세스 관리, 미디어 비즈니스 모델 등 모든 것이 생성 AI의 발전에 따라 변화할 수밖에 없다. 버라이어티는 생성 AI 등장 이후 엔터테인먼트 업계에서 제기될 수 있는 세 가지 핵심 이슈를 밝혔다.

1. AI가 대규모 제작 환경에서 어떻게 도입되고 운영될 것인가?
2. AI가 창의적 생산성을 극대화하고 능률화하여 생산과 확장에 드는 시간과 비용을 크게 줄일 수 있을 것인가?
3. AI가 창의적인 작업 영역에서 사람들의 기회를 줄일 것인가, 늘릴 것인가?

AI는 미디어와 엔터테인먼트 영역에서 다양한 방식으로 활용되고 있다. 개인 콘텐츠 추천, 콘텐츠 심의와 감정 분석 같은 작업을 비롯해 창작 콘텐츠 제작에도 사용할 수 있다. 각본 작성, 폐쇄 자막 작성, 인물 추적, 로토스코핑rotoscoping, 특수 효과 등에도 AI를 사용할 수 있다.

  그럼 지금부터 AI가 바꾸고 있고 비디오와 엔터테인먼트 환경을 구체적으로 살펴보고 미래를 전망해보자.

AI, 엔터테인먼트 영토를 확장하다

AI와
스트리밍의 만남

생성 AI가 미디어, 엔터테인먼트 시장을 흔들고 있다. 스트리밍 서비스도 마찬가지다. 유료와 무료 스트리밍, FAST Free Ad-supported Streaming TV, 실시간 채널, VOD를 가리지 않는다. 특히, FAST 업계는 "AI가 스트리밍의 강점을 실현하는 핵심 요소가 될 것이며, 이는 광고형 VOD AVOD 와 구독형 VOD SVOD 에 똑같이 적용될 것"이라고 말한다.

기술 변화에 따라 스트리밍 서비스의 광고 제공 방식도 빠르게 변하겠지만, 일반 소비자가 인식하기는 힘들 것으로 보인다. 광고나 콘텐츠를 추천하고 제공하는 방식의 변화는 소비자들이 볼 수 없는 하부 영역에서 이루어지기 때문이다. 특히, AI는 소비자들이 인식하지 못하는 사이에 광고 콘텐츠와 소비자의 연관성을 크게

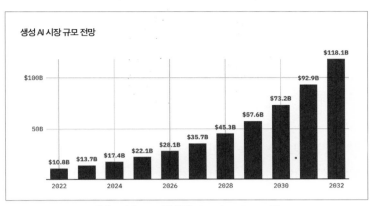

생성 AI 시장 규모 전망(출처 : Precedence Research)

향상시킬 수 있다.

　개인 신상정보가 필요한 서비스와 그렇지 않은 서비스의 핵심적인 차이점은 '세대에 기반한 광고'를 할 수 있느냐 여부다. 로그인이 필요한 구독 스트리밍의 경우, 세대별, 지역별로 정교한 광고 서비스가 가능하다.

　그러나 AI를 스트리밍에 탑재하면 사용자들에게 굳이 개인정보를 입력하거나 로그인하도록 유도할 필요가 없다. 머신러닝 및 AI 기반 알고리즘이 로그인 없이도 시청자의 성향이나 직업, 세대 등을 특정할 수 있기 때문에, 각각의 소비자들에게 맞춘 서비스를 제공할 수 있다.

　AVOD와 SVOD에 AI를 적용하면 사용자에게 어필하기 쉬운 영화나 TV 프로그램을 노출하는 알고리즘의 정확성을 높일 수 있다. 주기적으로 실시해오던 시청자 대상 프로그램 선호도 조사도 굳이 필요하지 않을 수 있다.

AI 프로그램 가이드

FAST는 광고를 보는 대신 TV 콘텐츠를 무료로 보는 스트리밍 TV다. 현재 대다수 FAST 서비스들은 프로그램 가이드를 제공하고 있다. 실시간 채널과 함께 수많은 VOD를 공급하기 때문이다. 문제는 FAST에서 제공하는 콘텐츠와 채널 숫자가 계속 늘어나고 있다는 점이다. 현재 미국에서 FAST 플랫폼별 제공 채널 숫자는 40~400개에 달한다. 채널이 많다 보니 원하는 채널이나 콘텐츠를 찾기가 쉽지 않다.

AI는 현재 FAST에서 제공하는 프로그램 가이드 방식을 바꿔놓을 수 있다. 사용자가 자신이 원하는 채널을 특별히 설정하지 않아도 이용자가 원하는 채널을 찾아서 추천해줄 수 있기 때문이다. 구글TV의 경우, 800개 이상의 FAST 채널을 제공하고 있는데, AI 프로그램 가이드 덕분에 시청자가 불필요한 피로를 느끼지 않아도 된다.

좀 더 멀리 내다보면, AI가 계절이나 시간대 등을 반영하여 개인 맞춤형 채널 구성을 해줄 수도 있다. 예를 들어 아침에는 뉴스, 저녁에는 드라마 채널들을 개별 고객의 요구에 적합하게 모아서 보여 줄 수 있다.

AI 더빙 증가

스트리밍 서비스 사업자들의 해외 진출이 늘어나자, AI 더빙 관련 수요와 공급도 늘고 있다. AI 더빙의 핵심은 특정 언어 콘텐츠를 다른 언어로 변환하는 기술이다. 처음 자동 더빙 기술이 등장했을 때는 톤이 문제였다. 기계적인 톤이 시청자들을 불편하게 만들었다. 그러나 머신러닝 기술이 이 같은 장벽을 없앴다.

AI 생성 보이스는 두 가지 방법을 이용한다. 기존 목소리를 만들어내는 것과 새로운 합성 목소리를 창조하는 것. 요즘에는 둘 다 사람 목소리에 가깝다.

〈탑 건 매버릭〉에서 발 킬머가 연기하는 아이스맨은 소난틱 Sonantic이라는 기업이 만들어낸 합성 보이스다. AI 보이스 클로닝 Voice Cloning은 배우들의 실제 음성에 기반한 합성 보이스도 자연스럽게 만든다. 현존하는 오디오나 비디오 텍스트에 기반해 AI 앵커에게 새로운 목소리로 이야기하도록 만들 수도 있다. 베리톤 Veritone과 같은 서비스는 영어를 한국어 등 116개 언어로 자연스럽게 번역할 수 있다.

페이퍼컵 Papercup이나 싱크워즈 SyncWords 같은 AI 더빙 기업들도 스트리밍 서비스의 글로벌 진출과 함께 부상하고 있다. 더빙을 위한 합성 보이스를 만들어내는 AI 스타트업 페이퍼컵은 어떤 언어로도 콘텐츠를 볼 수 있게 하는 것이 목표다.

AI 라이브 더빙, 자막 서비스 등을 제공하는 싱크워즈는 저렴한 가격이 특징이다. 분당 AI 번역 비용은 당일 기준 3.5달러다. 3~5일을 기다릴 수 있다면 1.95달러로 떨어진다. VOD와 라이브 스트리밍에도 적용이 가능하다. 현재 100개 이상의 언어로 더빙과 자동 자막 처리가 가능하다.

페이퍼컵은 빠르고 정확한 번역 통역 서비스를 자랑한다. 이 회사 솔루션의 기본 가격은 분당 20달러다. 번역의 퀄리티를 유지하기 위해 사람이 직접 검수하는 과정을 거치고 있다. 아울러 오남용을 막기 위해 라이선스보다는 완제품을 공급하고 있다. 유튜브 구독자 1위 미스터 비스트Mr. Beast도 글로벌 진출을 위해 이 회사의 번역 통역 솔루션을 사용했다.

이밖에 예전 배우들의 음성을 복제해 영화나 비디오 게임에 사용하는 기술을 가진 레스피처Respeecher와 영화와 TV쇼 더빙을 위해 생성 AI를 이용하는 딥더브Deepdub도 주목을 받고 있다. 이들 AI 더빙 솔루션은 글로벌 진출에 집중하고 있는 FAST 서비스에서 수요가 높은데, 향후 다수의 엔터테인먼트 회사들이 AI 더빙을 콘텐츠에 적용할 가능성이 있다.

2023년 2월, 생성 AI 기업 메타피직은 할리우드 연예기획 에이전시 CAACreative Artists Agency와 전략 파트너십을 체결했다. 메타피직은 톰 크루즈의 특징을 담은 딥페이크 영상으로 명성을 얻었다. 두 회사는 전략적 파트너십의 일환으로 메타피직의 AI 노화 방지 툴인 메타피직 라이브Metaphysic Live를 톰 행크스와 로빈 라이트가 출연하는 미라맥스의 차기작 영화 〈히어Here〉에 적용하기로 했다. AI

는 자연스러운 립싱크를 제공할 수 있어서 이전보다 더욱 현실적인 딥페이크 화면을 만들 수 있다.

AI와 스트리밍 서비스의 협업

AI와 스트리밍 서비스의 협업 가능성은 무한하다. 그러나 아직은 장기적인 과제일 수밖에 없다. 현재의 계약과 협업 관행을 완전히 바꿔야 하기 때문이다. 연예인과 새로운 합의를 해야 할 뿐만 아니라 대상 연예인이 실제로도 유창한 언어 구사 능력을 갖췄는지 여부의 문제로 윤리적 우려가 제기될 수도 있기 때문이다.

AI는 시청자들에게 더 나은 광고, 더 좋은 콘텐츠 추천, 개인화된 스트리밍 채널, 더 많은 콘텐츠 가용성 기회 등을 제공한다. 콘텐츠 회사는 현재 기술이 제공할 수 있는 것이 무엇인지 관심을 가지고 탐구해야 한다. 그렇지 않으면 경쟁 업체에 점점 뒤처질 수밖에 없다.

AI 더빙 기업의 약진

미국 구독 미디어 시장이 포화하자, 디지털 미디어와 스트리밍 서비스들이 글로벌 진출을 서두르고 있다. 그러나 해외 진출은 생각보다 쉽지 않다. 특히, TV와 영화를 현지 언어에 맞게 적기에 적정 가격으로 제공하기는 매우 어렵다.

일반적으로 콘텐츠의 해외 진출에서 비용적으로 가장 부담되는 요소는 더빙과 자막이다. 이러한 이유로 생성 AI 기술을 이용한 더빙 기업들이 늘고 있다.

앞서 언급한 AI 기반 더빙 플랫폼 페이퍼컵은 2017년 테크 투자자 제시 쉐먼Jesse Shemen과 머신러닝 엔지니어 자멩 가오Jiameng Gao가 창업했고, 2023년 5월까지 3,000만 달러를 투자받았다. 페이퍼컵은 투자금을 스포츠, 코미디, 라이브 비디오 등 여러 타입의 콘텐츠를 번역하고, 다양한 언어를 지원하는 보이스 테크놀로지를 개선하고 개발하는 데 사용하고 있다.

회사의 CEO 쉐먼은 인사이더와의 인터뷰에서 페이퍼컵의 장점으로 '저렴한 번역 가격'을 꼽았다. 분당 20달러의 기본료를 부과하는데, 이는 사람이 번역하는 비용의 절반 이하라고 강조했다. 쉐먼은 인터뷰에서 "미디어 기업의 번역 수요가 이어졌다. 거기에 더해 우리는 사람의 목소리를 가진 합성 보이스를 만들었다. 이전까지는 인공 음성을 비디오에 적용하기 어려웠지만, 우리는 그 문제를 해결했다."라고 강조했다.

페이퍼컵은 뉴스 미디어들에게 새로운 유튜브 오디오 번역 기능을 홍보하고 있다. 글로벌 1위 유튜버 미스터 비스트도 영어를 다른 나라 언어로 더빙하는 데 썼던 기술이다. 쉐먼은 인터뷰에서 "유튜브는 이 기능의 도입에 관심이 크다. 저비용 고효율 솔루션이기 때문이다."라고 말했다. 페이퍼컵은 테드TED나 교육 콘텐츠, 기업 내부 커뮤니케이션, 팟캐스트 등에 자신들의 기술을 적용하려 노력하고 있다. 쉐먼은 "AI 기술을 적용한 결과물의 품질을 높이기 위해 사람이 재차 검증하는 것이 페이퍼컵의 가장 큰 차이점"이라며, 특히 비디오에 특화된 고품질 음성을 만들어낼 수 있다고 설명했다.

영화와 TV에서 생성 AI의 적용 1
각본, 사전제작 등

생성 AI는 영화, TV의 촬영 후 편집 등 후반 작업 단계에서 주로 사용되고 있으며, 각본 작성 등 사전제작 단계에서도 이용률이 점점 높아지고 있다. 창작 작업에 사용할 수 있는 다양한 AI가 나오고 있고, AI가 인간을 대체할 수 있을 정도로 성능이 높아졌기 때문이다.

각본 작성

주어진 명령에 따라 텍스트를 만들어낼 수 있는 생성 AI는 영화나 TV 시나리오 초안을 만드는 일에도 사용할 수 있다. 다큐멘터리 등 특정 구조를 따르는 경향이 있는 글에도 손쉽게 사용할 수 있다. 아직은 AI가 사람의 완전한 도움 없이 작품을 일관성 있고 설득력 있게 만들어내기 어렵지만, AI는 계속 학습 중이다.

AI는 촬영 장소나 캐릭터, 구성 아이디어, 특정 대사 등 각본을 작성할 때 팁이 되는 정보를 손쉽게 제공할 수 있고, 누구나 손쉽게 각본 작성에 사용할 수 있다. 미국 작가노조WGA, Writers Guild of America가 AI 창작을 받아들이기로 한 것도 이런 이유다. 작가노조는 크레딧에 올리지만 않는다면 AI를 창작에 사용하는 것을 문제 삼지 않되, AI가 만든 작품을 '문학 작품'이나 '원본 작품'으로 보지는 않기로 했다.

AI가 저자로 인정되지 않기 때문에 인간 작가는 AI 시스템을 사용했는지에 관계없이 글에 관한 완전한 저작권을 가질 수 있다. 미국 저작권청에 따르면 AI 생성 자료가 저작권을 인정받기 위해서는 '충분히 창의적인 방식으로 변경(AI-generated material must be altered in a sufficiently creative way)'되어야 한다. 현재는 AI가 만든 작품이 저작권 보호를 받지 못한다.

챗GPT를 비롯해 여러 텍스트 생성 AI 도구가 나왔으나, 아직은 대부분 마케팅 등 특정한 작업에 사용되고 있으며, 영화나 드라마 작성 보조 도구로 사용되는 경우는 거의 없다. 재스퍼Jasper, 카피.AI Copy.AI, 카피스미스Copysmith, 라이터Writer, 어더사이드AI OthersideAI, Rytr 등 글쓰기에 최적화된 생성 AI 도구들은 마케팅·광고·유통 분야에서 홍보 카피를 작성하거나, 블로그·이메일·비디오 스크립트·제품설명서 등 이른바 기업 시장의 문서작성에 주로 활용되고 있다.

보다 창의적인 글쓰기가 가능한 AI도 개발되고 있다. 노벨 AI NovelAI, 수도라이트 Sudowrite 등 작문 보조 소프트웨어는 소설, 만화책, 그래픽노블 등의 글쓰기 프로젝트를 도울 수 있으며, 특정 작가의 스타일과 어조도 모방할 수 있다.

대량 언어 모델인 GPT-3에 뿌리를 두고 있는 수도라이트는 기본 개념을 제시하면 최대 1,000개의 단어를 생성해 낸다. 초기 프레임이나 설정 설명 setting descriptions이 제공되면 300개의 변형 단어를 자동으로 완성할 수도 있다.

2022년 12월 공개된 딥마인드의 드라마트론 Dramatron은 연극이나 영화 각본을 쓰는 작가들을 돕는 언어 모델이다. 드라마트론은 제목, 캐릭터 목록, 줄거리, 장면 요약, 위치 설명, 대화 등을 포함해 전체 각본을 만들어낼 수 있다. 1,000 단어 이상을 만들 수 있고, 때때로 수만 단어를 생성하는 것도 가능하다. 인간 작가의 역할을 할 수 있는 셈이다. 드라마트론은 작가들이 협업할 수 있는 시스템이 특징이다. 사용자들은 제작의 어느 단계에도 개입할 수 있고, 대안을 요청하거나 수동으로 수정할 수 있다.

드라마트론 개발자들은 제품 테스트를 위해 15명의 드라마와 영화 작가들을 참여시켰다. 이들이 공동으로 완성한 각본은 2022년 8월에 열린 '에드몬톤 인터내셔널 프린지 씨어터 페스티벌 Edmonton International Fringe Theatre Festival'에서 연극으로 상연되었다. 이 연극은 비평가들로부터 사람이 쓴 것처럼 섬세하고 감정이 담겨있다는 긍정적인 피드백을 받았다. 스토리가 일관적이며 심오한 내용을 담았다는 반응도 얻었다. 드라마트론이 만든 각본은 작가들이 공동 작업을 하거나 각각 개별 작업을 할 때 원본처럼 사용할 수 있었고, 이 각본을 고치고 수정해서 완성본을 만들 수 있을 정도로 정교했다.

이 같은 여러 장점이 있지만, 아직 완벽하지는 않은 것 같다. 버라이어티에 따르면, 일부 참석자들이 드라마트론 작품에서 논리적인 허점이나 서사적 불일치, 전형적인 캐릭터 이름이나 관계, 성별 편견, 나이에 대한 부정적인 인식 등을 발견했다고 전했다. 또 일부 캐릭터들의 경우, 행동에 동기가 부족해 몰입감이 떨어지는 문제도 있었다. 드라마트론이 여러 언어를 제공하고 있긴 하지만, 영어 이외의 언어 창작에서는 정교함이 떨어졌다. 훈련 데이터의 부족을 드러냈다는 이야기다.

사전제작

생성 AI 도구는 초기 단계의 창의 프로세스를 강화하고 가속화하는 데에도 사용할 수 있다. 챗GPT 같은 텍스트 기반 생성 AI는 영화나 TV 프로젝트에서 스토리 아이디어를 만들고 연구를 지원하거나 발전시킬 수 있는 툴을 제공한다.

합성 이미지를 생성하는 AI는 3D 이미지 등 사전 시각화 작업에 중요한 역할을 할 수 있다. 텍스트 명령어를 이미지로 바꿔주는 달E-2, 미드저니, 스테이블디퓨전 등의 솔루션은 특정한 요청에 맞추어 사실적 또는 예술적 이미지를 생성할 수 있다. 질문자의 의도에 맞는 그림을 그릴 수 있다는 이야기다.

일부 AI 도구는 여러 이미지를 혼합해 새로운 그림을 만들어내기도 한다. 다양한 이미지들을 입력하면, 각 이미지의 특징을 혼합한 이미지가 완성된다. 예를 들어, 스타일은 특정 그림을 따르고 색감은 다른 그림을 모방할 수 있다. 일부 모델은 사용자들이 자신만의 맞춤형 모델을 만들 수도 있다. 학습을 유도하거나 기존 데이터값을 미세 조정하여 동일한 스타일을 복제하는 방식이다.

메타의 콘텐츠 생성 AI 툴 '메이크 어 신Make-A-Scene'은 스케치나 텍스트를 기반으로 완전한 실사 이미지를 만들어낼 수 있다. 메이크 어 신은 다양한 시각적 요소의 배치를 제어하고 단순한 스케치를 고품질 이미지로 전환하는 데 드는 시간을 줄여준다.

엔비디아의 GauGAN과 같은 3D 모델링 소프트웨어는 2D 이미지를 3D 화면으로 바꾸는 사전 가상화previsualization 과정에 유용하게 쓰인다. 3D 애니메이션 제작을 본격적으로 시작하기 전에 스토리보드를 토대로 간단하게 3D 모형과 등장인물을 만들어 장면별 레이아웃과 움직임 등을 예측해보는 과정이다. 이를 활용하여 제작비를 크게 줄일 수 있다.

이미지 생성 AI 모델들은 명령어에 의존하는 경향이 크다. 질문에 따라 전혀 다른 결과물들이 나올 수 있다는 이야기다. 인간과 AI의 협업 가능성이 여기에 있다. 의도에 맞는 질문은 인간만

이 할 수 있다. AI 도구를 사용해도 여전히 이미지 생성의 최종 단계에는 사람이 있다. 사람이 최종적으로 컷을 하고 디렉팅을 해야 한다. 최종 평가도 사람의 몫이다.

AI와 비디오 제작

생성 AI는 주어진 명령에 따라 이미지, 텍스트, 비디오를 만들어낸다. AI 챗봇은 엄청난 분량의 학습 능력으로 사람과 같은 수준의 답을 도출한다. 그래서 비디오나 영화 제작에 AI를 도입하려는 시도도 많다. 사전이나 사후 편집, 그래픽 작업에는 이미 AI가 대세로 자리 잡고 있다. 최근에는 촬영과 제작에도 AI를 활용하고 있다.

그러나 결론부터 말하자면, 적어도 아직은 생성 AI가 전통적인 비디오 제작 시스템에 큰 영향을 미치지 못할 것으로 보인다. 제작 과정 전반에 걸쳐 인간의 개입이 필요한 단계와 요소가 워낙 많기 때문이다.

텍스트-비디오 변환 AI 솔루션

텍스트 명령을 비디오로 생성해주는 AI 도구는 명령어로 입력한 지시대로 합성 비디오synthesize video를 만든다. 텍스트-비디오 변환 AI 도구는 Gen-2, Make-A-Video, Imagen Video, Phenaki 등이 경쟁하고 있다. 현재 상용 제품은 2023년 2월에 출시된 런웨이Runway의 Gen-2가 유일하며, 메타의 경우, 2023년 내 출시 발표를 앞두고 있다. 오픈AI 역시 챗GPT에 비디오 생성 능력을 추가하겠다고 밝힌 바 있다.

런웨이의 Gen-2는 텍스트를 비디오로 만들 수 있는 첫 번째 공개 AI 모델로 할리우드에서 이미 이 모델의 변환 툴을 적용하고 있다. 2023년 오스카 수상 영화 〈에브리씽 에브리웨어 올 앳 원스〉에도 런웨이의 AI 편집 툴이 사용되었다. 이 영화의 비주얼 이펙트 아티스트인 에반 홀렉Evan Halleck 은 '락 유니버스' 장면에서 런웨이의 AI 도구를 사용해 대형 블루스크린 없이 이미지로부터 배경을 삭제했다. 제작도 빨랐고 제작비도 거의 들지 않았다.

런웨이가 할리우드 작품에 AI를 적용하는 쪽으로 눈을 돌릴 수 있었던 이유는 창업주가 전형적인 테크 기업 출신이 아니기 때문이다. 창업주 중 한 명인 크리스토발 발렌주엘라Cristobal Valenzuela 는 칠레 산티아고의 아돌포 이바녜즈 대학에서 디자인 석사 과정을 이수했고, 학부에서는 경제학과 경영학을 공부했다. 런웨이는 풀 스택 전략(full-stack strategy, 개발부터 생산까지 담당하는 전략)도 만들었는데, 이 점이 실리콘밸리 투자자들을 매혹시켰다.

그러나 AI 텍스트-비디오 변환 솔루션은 갈 길이 아직 멀다. AI가 영상을 만들 수는 있지만, 아직 고품질 영화나 프리미엄 TV가 원하는 품질에는 미치지 못한다. 현재 AI 애플리케이션이 만들어내는 품질은 단편 애니메이션이나 저화질, 저품질 비디오(수초에서 길어야 수 분)에 어울리는 수준이다. Gen-2 역시 텍스트를 비디오로 만들어낼 수는 있지만, 결과물의 길이가 짧고 해상도도 낮다.

넷플릭스 일본, 텍스트-이미지 변환 AI 이용 제작

아직은 처음부터 끝까지 생성 AI를 사용해 만든 상업 영화는 없다. 그러나 텍스트-이미지 변환 모델을 단편 영화나 실험적 프로젝트에 적용하는 사례는 이어지고 있다.

넷플릭스 재팬은 단편 애니메이션 〈개와 소년The Dog and the Boy〉의 배경 이미지를 생성 AI를 이용해 만들었다. 이 백그라운드는 AI가 미리 그려진 원화에 색감과 질감을 더해 완성되었다. AI 실험 단편 〈소금Salt〉은 텍스트-이미지 변환 AI인 미드저니를 이용해 이미지를 생성하였고, 생성한 이미지를 애니메이션으로 보이도록 조작도 했다.

이미지나 비디오로 비디오를 생성하는 AI 솔루션 등장

이밖에 '텍스트를 이미지로 변환' 하는 것이 아닌 '이미지나 비디오를 이용해 다른 비디오를 만드는' 생성 AI 비디오 애플리케이션도 있다. 가장 일반적인 도구는 사람의 형태나 움직임을 복제한 아바타를 만들어 비디오 제작에 활용하는 것이다. 흔히 말하는 디지털 휴먼이나 복제인간, 디지털 트윈 등이 여기에 해당하며, 비즈니스 프레젠테이션, 공공기관의 발표, 뉴스 등에 사용한다. 그러나 아직은 AI 비디오 아바타의 움직임이 실사 영화나 전통 애니메이션 영화에 비해 자연스럽지 않다. 그런 이유로 현재 AI 생성 아바타는 고객지원센터, 마케팅, 영업, 기술 훈련 등으로 용도가 제한적이다.

하지만 개발 속도는 빠르다. 인간에 더 가깝게, 특정 인물이 없어도 그 인물이 발표하는 영상을 만들 수 있도록 발전하고 있다. AI 립싱크 모바일 앱 'Wombo'를 이용하면 자기 자신을 촬영한 이미지를 이용해 움직이는 아바타를 만들 수 있다. 이렇게 만든 아바타 이미지는 노래도 부르고 미소도 짓고 눈도 깜박인다. 여기에 목소리를 입히면 노래를 부르는 영상도 손쉽게 만들 수 있다.

AI가 제작자를 대체할 것인가

향후 AI 비디오 제작 기술은 엔터테인먼트 스튜디오에서 사용할 수 있는 수준으로 발전할 것으로 보인다. 하지만 최소 몇 년의 시간은 필요해 보인다. 지금은 AI 아바타를 줌 회의나 비즈니스 프레젠테이션에 사용할 수 있는 정도이며, 다른 창작 영역에 적용하기는 쉽지 않다. 결국, 신뢰성의 문제다.

사실 '텍스트-이미지' 변환 솔루션보다는 '이미지-비디오' '비디오-비디오' 변환 솔루션의 발전 속도가 더 빠를 수밖에 없다. 이미지를 이용해 비디오를 만드는 AI 모델들은 현재 아바타를 넘어 분위기까지 만들어낼 수 있다. 알파벳이 소유한 AI 툴 개발 회사 '딥마인드AI DeepMind AI'는 이미지-비디오 변환 모델 '트랜스프레이머 Transframer'를 개발 중이다. 이 툴은 주어진 사진 프레임 너머의 배경을 유추해 30초 분량의 비디오를 생성한다.

한 줄의 글을 한 번의 '클릭'으로 장편 영화로 둔갑시키는 상상
은 아직은 이르다. 최소 몇 년은 걸릴 장기 프로젝트다. 생성 AI 모
델의 발전과 신제품 출시 속도를 볼 때 우리가 생각했던 것보다
'현실적인 비디오'를 만드는 작업은 더 빠를 수 있다.

콘텐츠 제작 생태계는 앞으로 큰 변화를 겪을 수밖에 없다. AI
가 비디오 라이브러리를 활용해 또 다른 영화나 다큐멘터리를 만
들어낼 수 있다면, 혹은 이에 준하는 텍스트-비디오 변환 AI가 만
들어진다면, 그야말로 모든 것이 바뀌는 체제 변화가 일어날 수
있다. 영화나 TV 프로그램 제작 관행은 물론 참여자들의 직업도
변할 수밖에 없다.

관련 기업

런웨이 : 런웨이Runway는 2018년 뉴욕대학교NYU 인터랙티브
텔레커뮤니케이션 프로그램 졸업생 세 사람에 의해 시작된
생성 AI 기업이다.

이들은 자율주행 등이 아닌 영역에서 신경망을 활용하는 방
법을 고민하던 중 AI 제작 툴을 개발했다. 머신러닝과 자율
신경망을 이용하면 AI가 자체적으로 만드는 콘텐츠 제작 툴
도 개발할 수 있겠다는 자신감이 있었다. 이에 AI 창작을 목
적으로 하는 스타트업 런웨이를 만들었다. 2023년 5월 현
재 런웨이의 기업 가치는 15억 달러다. 2023년 초 시리즈 C
투자에서 산출된 기업 가치보다 3배 이상 늘었는데, AI 변환

솔루션에 대한 시장의 기대감을 알 수 있다.

런웨이의 최초 목표는 크리에이터들이 혼자서 생성 툴을 이용해 자신만의 영상 작품을 만들어내게 하는 것이었다. 이에 간단한 텍스트로도 완전한 비디오를 만드는 기술력 개발에 집중했다. 그들의 상상과 비전은 점차 현실이 되고 있다. 아직은 초기 단계지만 런웨이의 Gen-2는 텍스트의 방향성에 따라 비디오 영상을 생성해낸다.

대중성을 높이기 위한 비즈니스 모델도 도입했다. 런웨이는 종량제 모델을 채택했다. 쓰면 쓸수록 과금되는 구조인데 일정 분량까지만 쓰겠다고 하면 일정 금액만 부과된다. 런웨이는 향후 크리에이티브 확장 도구를 만드는 것을 목표로 삼고 있다. 텍스트, 오디오, 비디오 등 창작자들이 원하는 모든 포맷으로 생성시키는 툴이다.

신세시아 : AI 비디오 생성 스타트업 신세시아Synthesia 는 2023년 5월 기준 기업 가치가 10억 달러에 달한다. 이 회사는 2021년 12월에 5,000만 달러를 투자받았는데, 그 당시 기업 가치가 1억9,100만~2억8,600만 달러 사이였다. 2년 새 기업 가치가 4배 정도 높아진 셈이다.

런던에 본사를 둔 신세시아는 2017년에 설립됐다. 사용자들이 120개의 텍스트 언어로 버추얼 아바타를 생성해 전문적인 비디오를 만들 수 있는 툴을 제공한다. 한국어 텍스트를 입력해 아바타를 생성한 다음, 기업 프레젠테이션 등에 활용할 할 수도 있다.

제작 시간이 무척 짧다는 점도 강점이다. 사용자는 텍스트와 음성 녹음을 입력해 합성 콘텐츠를 만들 수 있고, AI를 이용해 자신을 닮은 가상 발표자도 만들 수 있는데, 이 과정이 15분이면 가능하다. 영상의 품질도 매우 좋은 편이어서, 딥페이크와 위조 사기에 악용될 수 있다는 염려마저 나오는 중이다.

〈월스트리트저널〉은 신세시아가 만든 AI 휴먼 아바타로 은행에서 얼굴 인식을 시도할 수 있다는 보도를 하기도 했다. 신세시아는 데이비드 베컴David Beckham이 서로 다른 9개 언어로 말하는 말라리아 퇴치 공중 보건 캠페인 영상을 올려서 화제가 되기도 했다.

현재 신세시아는 B2B 사업에 집중하고 있는데, 개인이 솔루션을 사용했을 때 발생할 수 있는 부작용을 막기 위해 B2C 서비스는 보류하는 중이다. 현재 이 서비스는 신세시아의 자체 플랫폼에서만 사용할 수 있다.

일레븐랩스 : 런던에 기반을 둔 스타트업인 일레븐랩스ElevenLabs는 구글과 팔란티어에서 근무한 이들이 창업한 회사다. CTO는 구글에 근무했던 표트르 다브코우스키Piotr Dabkowski가 맡고 있으며, CEO는 팔란티어 출신 마티 스타니

스체프스키 Mati Staniszewski 다. 이 회사는 AI 기술을 이용해 텍스트를 사람의 목소리로 바꾼다. 특정인의 억양까지도 복제할 수 있다.

일레븐랩스는 커뮤니티 사이트 4챈 4Chan 의 일부 회원들이 조 로건 Joe Rogan, 엠마 왓슨 Emma Watson 등 유명인의 목소리를 위조한 파일을 유통하면서 화제가 됐다. 이런 문제 때문에 합성 음성 제작 AI 기업들은 법적 이슈를 피하려고 애쓰는 중이다. 일레븐랩스의 CEO 스타니스체프스키는 2023년 1월에 있었던 투자 라운드에서 "이 솔루션은 롱 폼 포맷을 쓰는 언론사나 뉴스레터 제작사의 크리에이터, 작가, 프리랜서 사이에서 큰 수요가 있다."라고 밝혔다.

아이리스 오디오: 영국 런던에 본사를 둔 아이리스 오디오 Iris Audio 는 잡음 등을 제거해 실시간으로 오디오 품질을 높여주는 AI 음성 솔루션 기업이다. AI 오디오 스타트업 중에서는 드문 산업용 AI 음성 기업이다.

이 회사의 제품인 '아이리스 클라리티 Iris Clarity'는 통화에서 발생하는 배경 소음을 감지하고 제거하는데, 통화 품질을 좋게 하여 고객 만족도를 높이려는 콜센터에서 많은 수요가 있다. 또 야외 촬영 비디오나 팟캐스트, 오디오북 등에서도 사용할 수 있다.

현재 아이리스 클라리티를 사용하는 주요 분야는 다음과 같다. 첫째, 다채널 라디오 시스템을 갖춘 영역으로, 자동차 경주, 응급 서비스, 항공 임무 시스템 등의 분야다. 둘째, 가장 수요가 많은 영역으로, 기업의 고객 콜센터다. 이 경우, 백그라운드 노이즈를 줄여 평균 처리 시간을 11% 단축하는 결과를 도출하기도 했다. 셋째, 기업 솔루션의 '음성-텍스트' 변환 정확도를 높이는 데에도 활용되고 있다.

영화와 TV에서 생성 AI의 적용 2
후반제작 : 비주얼 이펙트, 사운드 편집 등

생성 AI의 등장은 영화와 TV 제작 프로젝트에 큰 변화를 만들고 있다. 특히 비주얼 이펙트, 사운드 에디팅 분야는 생성 AI를 만나면서 이전 단계와 완전히 달라지고 있다. 그동안 사람들이 처리했던 업무를 AI가 대신하면서, 효율이 높아지고 속도도 빨라졌으며 비용도 줄어들었다.

비주얼 이펙트

고도의 복잡성을 요구하는 비주얼 이펙트Visual Effects, VFX 분야에서 생성 AI가 사람이 수행하는 업무를 자동화하고 시스템을 간소화할 수 있다. 가장 큰 장점은 작업 품질을 표준화할 수 있다는 것이다.

합성과 렌더링

생성 AI는 엄청난 인력이 소요되는 작업을 자동화할 수 있다. 생성 AI는 까다로운 애니메이션과 실사의 합성 작업인 로토스코핑 rotoscoping 및 컴포징 compositing 을 자동화하는 데 도움이 될 수 있다.

로토스코핑은 상당한 정확성을 요구한다. 라이브 액션 장면의 배경에서 물체나 사람을 구분해 분리해야 하기 때문이다. 그러나 애니메이션을 사실적으로 만들기 위해 꼭 필요한 작업이다. 애니메이션 원본에 라이브 영상을 합성하면 애니메이션만으로 표현하기 힘든 이미지를 표현할 수 있다. 예를 들어 기차가 질주하며 연기를 내뿜는 장면을 사실감 있게 구현하기 위해서는 애니메이션으로 표현된 기차에 실사로 촬영한 연기를 결합하는 합성 작업이 필수적이다.

그러나 실사 이미지를 애니메이션에 합성하는 작업은 매우 까다로운 것으로 알려져 있다. 비주얼 이펙트 전문가들이 실사 영상, 컴퓨터 그래픽 등 다양한 비주얼 요소들을 화면 위에 통합해야 한다. 이 작업을 위해서는 많은 프로세스가 필요하다. 객체를 애니메이션에 로토스코핑하여 새로운 비주얼 요소로 대체하거나, 백그라운드에 합성하거나, 이미지를 삭제해야 한다. 생성 AI 기능을 사용하면 이들 작업을 자동으로 동시에 진행할 수 있다. 인페인팅 inpainting 이라는 기술이다.

런웨이의 인페인팅 툴을 사용하면 작업자들이 이미지나 비디오의 특정 요소를 가리거나 격리할 수 있다. 잘라낸 공간을 AI가 생성한 새로운 이미지로 대체할 수 있고, 원하지 않는 요소를 삭제할 수 있다. 이 기능으로 새로운 비주얼 개체를 직접 생성할 수 있으며 모든 장면 모든 프레임에 일관되게 적용할 수 있다.

AI를 이용한 아웃페인팅 outpainting 기능은 한 단계 더 나아가 비어 있는 공간을 내용과 관련된 콘텐츠로 채운다. 이미지를 원래 프레임 이상으로 확장할 수 있다는 이야기다.

비주얼 이펙트를 위한 생성 AI 도구는 특정 애니메이션의 스타일이나 질감을 모든 프레임에 걸쳐 원본 비디오 영상에 렌더링할 수 있으며, 업로드된 이미지 스타일을 비디오에 적용할 수 있다.

렌웨이의 'Gen-1'을 이용하면 별도로 입력한 이미지 스타일을 오버레이 overlaying 하여 클레이메이션 claymation 으로 만들어낼 수도 있다. 질감이 잘 느껴지지 않는 3D 모델이나 모형을 이미지나 텍스트 명령을 입력하여 사실적인 질감이 느껴지도록 만들어낼 수 있다.

관련 기업

마즈 : 2018년 설립된 마즈MARZ, Monsters Aliens Robots Zombies 는 〈미즈 마블Ms. Marvel〉 등 마블 스튜디오Marvel Studio 에서 제작하는 다양한 히어로 시리즈에 AI 비주얼 이펙트 기술을 제공했다. 최근에는 넷플릭스 인기드라마 〈웬즈데이Wednesday〉와 〈섀도우 앤 본Shadow and Bone〉의 등장인물을 AI 기술로 재창조하기도 했다.

마즈가 개발한 AI 도구인 '배니티 AI 툴Vanity AI tool'은 영상 제작 전 과정에 비주얼 이펙트를 적용할 수 있는 점이 큰 특징이다. 최초 기획 단계에서부터 비주얼 이펙트 제작, 촬영까지 모든 과정에서 AI의 조력을 받을 수 있다. 마즈는 할리우드 스튜디오에 배니티 AI 툴을 임대할 예정이다.

비디오 딥페이크

생성 AI는 페이스 스와핑Face swapping과 비주얼 더빙 등을 포함한 비디오 딥페이크 기술을 통해 매우 사실적인 비주얼 효과를 빠르게 만들 수 있다. 딥페이크 모델은 배우의 얼굴 이미지를 학습해 수정된 버전을 만들어내는데, 이렇게 만들어진 버전은 VFX 합성 없이 배우의 실제 연기에 적용할 수 있다.

얼굴 교체를 뜻하는 페이스 스와핑의 가장 간단한 적용은, 한 얼굴을 다른 얼굴로 바꾸는 것이다. 예를 들어 비디오 딥페이크 엔터테인먼트 스튜디오 딥 부두Deep Voodoo는 켄드릭 라마의 뮤직비디오 '하트 파트4 The Heart Part 4'에 페이스북 스왑 효과를 넣어 라마의 얼굴을 윌 스미스나 카니예 웨스트 등의 디지털 이미지로 변형시켰다.

페이스 스와핑과 조작 기술은 대부분 메이저 프로덕션에서 배우들의 나이든 모습, 젊을 때 모습을 만들 때 사용한다. 이와 함께 이 기술은 얼굴 구조의 미묘한 변화는 물론, 여드름을 제거하는 등의 방법으로 화면 향상을 꾀할 수 있다.

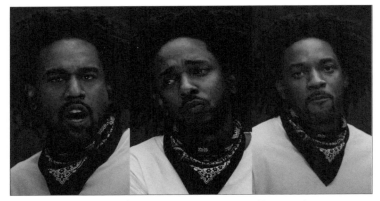

캔드릭 라마의 '하트 파트4'에 사용된 페이스 스와핑 (출처 : 유튜브)

페이스 스와핑은 촬영 중이던 배우가 갑작스레 사망했을 때, 해당 배우의 생전 모습을 복원해 영화를 완성하는 데에도 활용할 수 있다. 이 방법을 활용하면 후반 작업이 끝날 때까지 기다릴 필요 없이 제작 중 실시간으로 작업 상황을 확인할 수 있다.

메타피직의 AI는 톰 행크스Tom Hanks의 젊은 시절을 그리는 데 사용됐다. 톰 행크스와 로빈 라이트Robin Wright가 출연하는 미라맥스 영화 〈히어 Here〉에서 메타피직의 디에이징De-aging 기술이 톰 행크스를 젊게 만드는 데 사용됐다. 배우들은 촬영 중에 모니터를 보면서 메타피직의 디에이징 기술이 만든 수정사항을 점검하고 재수정할 수 있다.

다른 가능성 있는 응용은 비주얼 더빙이다. 이 방법은 합성하거나 만들어진 배우의 목소리에 맞추어 배우들의 입 모양과 표정을 변화시키는 기술이다. 이는 더빙 기술의 사실감을 높여주고 몰입감을 제공한다.

관련 기업

메타피직 : 메타피직Metaphysic은 영국 런던에 기반을 둔 AI 스타트업이다. 톰 크루즈의 딥페이크 영상으로 알려졌고, 〈아메리카 갓 탈렌트America's Got Talent〉에서 엘비스 프레슬리의 딥페이크 영상을 만들기도 했다. 2023년 2월 할리우드 유명 연예기획사 CAA와 전략적 파트너십을 맺었다.

메타피직은 CAA와의 파트너십 체결 이후 AI를 기반으로 할리우드와의 협업을 강화할 계획이다. 미국의 대형 연예기획사인 CAA가 작은 스타트업과 손잡은 이유는 'AI를 이용한 생성형 콘텐츠 제작' 등 AI 기반 엔터테인먼트 테크놀로지의 확장성이 매우 크기 때문이다.

메타피직의 CEO 토마스 그레이엄Thomas Graham은 인사이더와의 인터뷰에서 "메타피직의 AI를 이용하면 기존의 1/3 비용으로 특수 효과를 만들어낼 수 있다. 전통적인 방식에 비해 시간과 비용을 절약할 수 있지만 정교함은 살아있다."라고 말했다.

플로우리스 : 미국 캘리포니아 산타모니카에 본사를 둔 플로우리스Flawless는 원본 영상 촬영 후 배우들의 입 움직임과

표정을 편집하는 딥페이크 스타일 툴 개발에 집중하고 있다. AI 기술이 적용된 이 툴을 이용하면 배우들이 다른 나라 언어로 말하는 장면을 더빙 없이도 자연스럽게 연출할 수 있다. 심의연령에 맞추어 언어 수위도 조절할 수 있다. 실제로 플로우리스는 성인등급 영화 〈가을Fall〉을 AI 툴을 이용해 13세 등급으로 순식간에 전환했다. 이 기술은 2023년 칸 국제 영화제 마켓에서도 화제가 됐다.

페이퍼컵 : 더빙을 위한 합성 인간 보이스를 만들어내는 AI 스타트업 페이퍼컵은 AI 더빙 플랫폼을 제공해 TV쇼와 영화의 번역 비용을 줄여 어떤 언어로도 콘텐츠를 볼 수 있게 하는 것이 목표다. 프리맨틀Fremantle, 스카이뉴스Sky News, 블룸버그Bloomberg, 인사이더Insider 등 많은 미디어 기업과 계약했고, 미스터 비스트 등 유튜버 인플루언서들과도 협업 중이다.

원더 다이내믹스 : 원더 다이내믹스Wonder Dynamics는 AI를 이용해 배우들의 이전 영상으로부터 몸짓과 특징을 추출해 움직이는 피사체를 만들어낸다. 창업주인 배우 타이 세리던Tye Sheridan과 VFX 아티스트 니콜라 토도로빅Nikola Todorovic의 목표는 AI와 VFX를 이용해 아티스트들이 저렴한 비용으로 시각적으로 뛰어난 영화를 만들 수 있도록 하는 것이다. 원더 다이내믹스는 '원더 스튜디오Wonder Studio'라는 웹 기반 AI 플랫

폼을 내놨다. 아티스트들이 CGI 캐릭터들로 영화를 만드는 플랫폼이다.

사운드 편집

생성 AI 툴은 클로닝, 합성, 에디팅 등 오디오 딥페이크 기술을 이용해 이전보다 현실적인 음성을 만드는 데에도 활용된다. 실제 사람의 목소리를 흉내 내기도 하고, 없는 목소리를 만들어내기도 한다. 새로운 목소리를 합성하기 위해서는 다양한 단어와 문장 등 수많은 목소리가 필요하다. 이를 위해 AI 기업들은 다양하고 사실적인 음성을 생성할 수 있는 대규모 음성 데이터 세트를 구축하기 위해 노력하고 있다.

생성 AI가 탑재된 보이스 클로닝은 목소리를 재생산할 수 있다. 배우들의 목소리를 저장해 제작에 활용하거나, 배우들의 젊은 시절 음성을 재연하거나, 사망한 배우의 목소리를 다시 살리는 데에도 활용되고 있다.

디즈니는 리스피처 Respeecher의 AI 기술을 이용해 영화 〈스타워즈〉의 다스베이더 성우인 제임스 얼 존스의 목소리를 합성했다. 이 목소리는 디즈니+의 시리즈물인 〈오비완 케노비 Obi-Wan Kenobi 〉에서 다스베이더 목소리로 활용되었다. 또, 배우 마크 해밀 Mark Hamill의 젊은 시절 목소리를 이용해 〈만달로리안 The Mandalorian 〉에 등장하는 루크 스카이워커의 목소리를 재현하기도 했다.

리스피처의 AI 기술로 음성을 합성한 <오비완 캐노비> (출처 : 디즈니 +)

보이스 클론 기술은 영화의 더빙 버전을 만드는 데에도 사용된다. 다른 언어나 억양을 완벽하게 구사하면서도 배우 목소리의 소리, 톤, 감정 표현을 그대로 복제하고 보존한다. AI 보이스는 현재의 더빙 방식을 획기적으로 개선할 수 있기 때문에, 콘텐츠의 해외 진출에도 도움을 줄 수 있다. 오리지널 작품의 사운드와 표현력을 유지하면서도 언어의 제약에서 벗어나 작품을 생동감 있게 전달할 수 있다.

일부 AI 소프트웨어는 특정 음성을 추가하거나 삭제할 수 있고, 음질이나 톤, 높낮이 등을 변조하는 방식으로 녹화된 음성을 편집할 수 있으며, 감정 표현을 바꿀 수도 있다.

일반적으로 편집자가 녹음된 오디오 혹은 시청각 영상의 텍스트 스크립트에 직접 편집할 수 있는데, 이 같은 기술 특성이 배우들의 연기력과 관객의 몰입도 등에 놀라운 영향을 미친다. 재제작이나 재촬영 없이 녹화된 영상의 품질을 높이는 데 탁월한 이점이 있다.

생성 AI는 후반 작업에서 음성 연기를 편집할 수 있는 여유를 제공한다. 촬영 후 변경도 손쉽게 할 수 있다. 후반에 사소한 대본 변경이 있거나, 특정한 상황이나 해외 시장 배포를 위해 수정할 때에도 유용하게 활용할 수 있다.

팟캐스트, 오디오북, 뉴스 등 오디오 녹음의 제작, 편집, 번역을 도와주는 딥페이크 오디오 애플리케이션도 수없이 등장하고 있다. AI 보이스 합성 스타트업 Play.ht는 살아있는 유명인과 죽은 유명인(조 로건과 스티브 잡스)의 대화를 공개해 화제가 되기도 했다. 이 회사는 텍스트 스크립트와 복제 음성을 만드는 작업에 AI를 사용했다.

한국에서도 AI를 이용한 오디오 더빙 솔루션 개발이 한창이다. 스타트업도 다수 등장했다. 기술력도 글로벌 기업에 뒤처지지 않는 수준이다.

관련 기업

허드슨AI : 허드슨AI Hudson AI 는 AI 기반 더빙 솔루션을 개발하는 한국계 스타트업이다. 이 회사는 원작의 대사를 더빙에 적합한 어투와 길이로 번역한 뒤, 원래 배우 목소리를 그대로 살려 음성을 합성한다. 영상 속 배우의 입 모양을 더빙된 음성에 맞추어 합성하는 립 클로닝 Lip Cloning 기술도 보유하고 있다. 2022년 12월, 와이앤아처, 대경기술지주, 아이디어브릿지로부터 7억 원 규모의 시드 투자를 유치했고, 2022년 8월에는 SK텔레콤의 스타트업 성장 지원 프로그램인 '트루 이노베이션'에도 선정됐다. 허드슨AI의 신현진 대표는 〈IT동아〉와의 인터뷰에서 "번역부터 영상까지 완벽하게 자연스러운 더빙 콘텐츠를 만들 수 있다."라고 강조했다.

리스피처 : 2018년에 설립된 리스피처는 우크라이나에 기반을 둔 AI 스타트업이다. AI와 아카이브 레코딩을 이용해 작고한 배우의 목소리를 복제하는 기술을 가지고 있다. 디즈니+ 시리즈 〈오비완 케노비〉에서 사용된 제임스 얼 존스의 다스베이더 음성을 러시아의 우크라이나 침공 때 사용한 것으로도 유명하다. 루카스필름과 협력해 디즈니+의 〈북 오브 보바펫 The Book of Boba Fett〉에서 루크 스카이워커의 목소리도 되살렸다.

리스피처는 리처드 닉슨 전 미국 대통령의 예전 음성을 되살린 것으로도 유명하다. 에미상을 받은 다큐멘터리 〈Event of Moon Disaster〉의 음성을 위해서다.

네오사피엔스 : 네오사피엔스 Neosapience 는 보이스 및 비디오 AI 플랫폼인 타입캐스트 Typecast 를 보유하고 있는 한국계 기

업이다. 이 플랫폼은 각본의 텍스트를 버추얼 배우의 음성으로 바꾼다. 네오사피엔스는 현실적이고 응용 가능성이 큰 버추얼 아바타도 만들었다. 이 회사는 엔터테인먼트 회사들과의 협업에서 기회를 찾고 있는데, 다큐멘터리 음성 녹음과 AI 배우를 위한 목소리 제공 등이다.

현재 한국어, 영어는 물론 일본어, 스페인어 서비스를 시작했고, 중국어, 독일어, 이탈리아어, 포르투갈어 등을 론칭해 사용자를 넓힐 계획이다. 인사이더에 따르면 하이브에서 BTS의 음성을 교육 툴에 활용하는 데 네오사피엔스의 기술을 사용하고 있다. SNL코리아도 영어 버전 캐릭터를 위해 이 회사의 솔루션을 탑재한 바 있다.

딥더브 : 이스라엘 텔아비브에 본사를 둔 딥더브Deepdub는 생성 AI를 이용해 영화나 TV를 다른 언어로 번역, 더빙하는 스타트업이다. 딥더브는 AI를 사용하여 전체 장편 영화를 스페인어로 더빙한 최초의 회사다. 2021년에는 해외 TV 쇼를 영어로 더빙하기 위해 Topic.com과 파트너십을 체결했다. 현재 많은 할리우드 스튜디오들과 일하고 있고 콘텐츠 크리에이터들의 해외 진출도 돕고 있다.

베리톤 : 미국 캘리포니아에 있는 베리톤Veritone은 AI 보이스 제작 기업이다. 팟캐스트, 라디오 등 음성 콘텐츠를 다른 언

어로 전환하는 데 특화되어 있다. 미국 최대 라디오 사업자 아이하트미디어 iHeartMedia, 지역 라디오 오데시 Audacy 등과 협력해 음성 콘텐츠를 외국어로 자동 번역해 제공한다.

션 킹 Sean King 베리톤 부사장은 "농업 기기의 발전은 농부를 농업에서 밀어내는 것이 아니라 보다 효율적으로 일할 수 있게 한다. 많은 농업이 AI로 날씨 패턴을 예측하고 작물 성장을 최적화한다. 방송도 마찬가지다."라고 설명했다. 그는 또 "AI가 업무 부담을 줄여줌으로써 인간이 창의성을 발휘하는 데 도움을 줄 수 있다."라고 말했다.

게임에서
생성 AI의 적용

사용자와의 상호작용을 기본으로 하는 게임 분야에서도 생성 AI 가 빠르게 도입되고 있다. 현재, 생성 AI는 게임 제작의 초기 단계 에 적용되고 있다. AI가 게임 전반을 설계하고 구축하거나, 완전한 수준의 게임을 완성해 제공할 수 있을 것이라는 주장은 아직 비현 실적이다.

머신러닝을 이용해 나무나 풀 같은 3D 게임 배경을 자동으로 생성하는 서비스를 제공하는 스피드트리Speedtree 같은 회사는 이 미 업계 표준으로 자리 잡았다. 그러나 생성 AI를 활용한다고 해 서 배경 자동 생성과 같은 기능 등이 크게 개선될 여지는 없다. 오 히려 생성 AI는 영화와 드라마에서와 마찬가지로 게임에서도 기 존 작업환경이나 효율을 높이는 데 크게 기여할 수 있을 것으로 보인다.

생성 AI와 NPC Non Player Character가 만나면 기존 게임과 전혀 다른 상황이 펼쳐질 수도 있다. 게임 내 상대 캐릭터인 NPC를 AI가 조종하여 실제 플레이어와 상호작용을 만들어내는 것이다. 기존 게임에서는 NPC가 학습된 대로 작동했지만, AI가 탑재된 NPC는 스스로 움직이고 게이머의 움직임에 반응할 수 있다.

컨셉 아트

컨셉 아티스트는 AI 이미지 생성기를 사용하여 게임용 아이템이나 무기 등의 초기 프로토타입을 빠르게 반복적으로 생성할 수 있다. 생성 AI는 게임의 컨셉 아트에 특히 유용한데, 이 이미지는 일반적으로 살아 움직이는 캐릭터가 아니어서 동작 등의 요구 사항이 없기 때문이다.

캐릭터 대화

AI 텍스트 생성기는 캐릭터 간 대화의 초안이나 스토리라인, 캐릭터 설명 등을 작성할 수 있다. 이는 작문 AI와 유사하다. 특히, 인격이 없던 NPC에 챗GPT 등 대량 언어 모델의 생성 AI가 탑재되면서 상호작용이 가능해지게 되었다. 현재 대부분의 NPC 상호작용은 사전 승인된 응답의 대화 트리를 따르고 있는데, 이제 그

범주를 넘어서게 된 셈이다.

하지만 대량 언어 모델은 통제하기가 어렵기 때문에 힘든 도전이 될 수도 있다. 게임에서 NPC는 특정한 자리에 위치하거나 정해진 임무를 수행해야 하는데, 이용자들이 '탈옥'해 NPC에 새로운 정체성을 부여하거나 상황을 제어할 수도 있다. 따라서 대량언어 모델을 탑재한 캐릭터 대화가 게임 내에서 제대로 작동하기 위해서는 완전히 새로운 종류 게임이어야 한다. 기존 대화 트리 메커니즘에 의존하지 않는 자율성을 가지고 있지만, 틀을 벗어나지는 않는 게임이라고 할 수 있을 것이다.

AI 게임 스튜디오 라티튜드Latitude 는 'AI 던전AI Dungeon'이라는 게임을 개발하고 있다. 텍스트 기반 어드벤처 게임인데, 사용자들이 텍스트를 입력하면 AI가 이에 응답해 예측할 수 없는 스토리를 무한대로 만들어내는 방식이다.

관련 기업

앤스로픽 : 2021년, 오픈AI 리서치 담당 부사장이던 다리오 아모데이Dario Amodei 와 그의 여동생이 함께 창업한 회사다. 오픈AI의 개발자 중 일부도 앤스로픽에 합류했다. 앤스로픽의 주력은 대화형 AI 챗봇 '클로드Claude'로, 오픈AI의 챗GPT와는 라이벌 관계다. 미국 백악관이 AI의 빠른 확산 관련 대책을 논의하는 자리에 네 곳의 관련 회사를 소집했는데, 마이크로소프트·구글·오픈AI와 함께 앤스로픽이 선정돼 화제를

모았다.

2023년 3월, 앤스로픽은 클로드를 업무용 커뮤니케이션 툴 슬랙Slack에 통합해 대화형 AI 기능을 수행하게 한다고 밝혔다. 이전에도 클로드는 노션Notion, 덕덕고DuckDuckGo 등에 탑재된 바 있다. 앤스로픽은 회사 블로그에 "우리는 AI 정렬 기술에 초점을 맞추고 있다. AI가 적절한 대화를 하고, 더 좋은 정보를 처리할 수 있도록 할 것"이라고 이야기했다.

프로그래밍

텍스트를 입력하면 코드를 만들어주는 AI 도구인 깃허브 코파일럿GitHub Copilot은 오픈AI의 코덱스 모델Codex Model로 만들어졌다. 이 코드 생성 AI는 게임 개발 환경을 완전히 바꿀 가능성이 크다. 소프트웨어 개발자들은 이미 표준 개발에 생성 AI 코딩 도구를 도입하여 엄청난 생산성 향상을 이뤄냈다.

AI 코드 생성 도구는 기본적으로 코드 또는 코드의 행을 제안하거나 자동으로 완료한다. 그러나 아직 완벽하지는 않고, 약 40%의 정확도를 보이는 것으로 알려졌다. 코드가 실패한 경우, 언제 그리고 왜 잘못되었는지 평가하기 위해 숙련된 개발자가 필요할 수는 있다. 그러나 이 도구로 생산성을 높일 수 있고, 기본 코딩작업에 들어가는 시간을 줄일 수 있다. 초보자들도 이 툴을 이용하면 자연어 설명만으로도 간단히 코딩할 수 있다.

유니티 게임 엔진Unity game engine은 텍스트 명령을 통해 게임 자산과 코드를 만들 수 있는 '생성 AI 마켓플레이스'를 만들고 있다. 로블록스Roblox도 플랫폼 개발자 커뮤니티에서 게임을 만들 수 있는 생성 AI 툴 베타버전을 출시했다.

이제 생성 AI 코딩 도구로 간단한 텍스트 명령만 입력해도 코드를 만들고 고품질 재료 질감이나 조명 효과를 게임 내 아이템에 자동으로 통합할 수 있게 되었다. 게임 개발에 AI가 통합된다는 건, 게임 개발이 대중화되고 속도도 빨라질 수 있다는 의미다.

3D 모델링

생성 AI는 게임에서 사용할 3D 물체들을 만드는 데 유용할 수 있다. 물론 이런 자산들은 특정 게임의 메커니즘과 구조에 맞는 방식으로 만들어져야 한다. 이 분야에서는 엔비디아가 앞선다. 엔비디아의 3D 모델링 AI 도구 'GET3D'는 건물, 차량, 캐릭터를 포함한 광범위한 고품질 3D 모양과 객체를 초당 20개씩 신속하게 생성할 수 있다. 이런 이미지들은 같은 포맷의 그래픽 소프트웨어로 만들어지는 만큼 게임에 쉽고 빠르게 적용할 수 있다.

사운드 디자인

게임 캐릭터들의 목소리는 비교적 손쉽게 복제 합성할 수 있다.

유명인들의 목소리를 닮은 게임 캐릭터 개발도 전혀 어려운 일이 아니다. AI는 게임 효과음도 합성하고 만들어낼 수 있다. 다양한 스타일과 분위기를 가진 독특한 음악 트랙을 만들 수 있다.

AI 오디오의
음악 스트리밍 시장 침투

사람처럼 답하는 생성 AI가 오디오 스트리밍 업계를 흔들고 있다. 2023년 4월, 유명 래퍼 드레이크와 위켄드의 목소리를 AI로 만들어 낸 딥페이크 음악 트랙 '하트 온 마이 슬리브heart on My Sleeve'가 음악 업계에 강한 충격을 줬다. 팬들은 이 곡이 실제 드레이크가 부른 것인지 아닌지 알기 어려웠다.

결국, 두 가수의 소속사인 유니버설 뮤직 그룹이 나서면서 스포티파이 등 스트리밍 음악 플랫폼에서 이 곡이 삭제되었지만, 음악 산업에서 'AI를 어떻게 다룰 것인가'라는 숙제가 남았다. 유튜브 역시 유니버설의 요청으로 곡을 내렸다. 그러나 그 곡에 두 가수의 목소리가 사용되지 않았다면, 유니버설이 과연 저작권을 주장할 수 있었을까?

음악 업계를 뒤흔든 생성 AI 오디오

이 곡을 만든 사람이 누구인지는 알려지지 않았다. 모방 트랙이 어떻게 만들어졌는지, 노래를 만들기 위해 프로그램에 어떤 정보가 입력되었는지도 전혀 알 수 없었다. 단서를 남기지 않았다. 2분 16초 길이의 '하트 온 마이 슬리브'는 두 가수의 독창과 합창으로 이뤄져 있다. 가사는 2010년대 중반 위켄드와 데이트를 했다고 알려진 셀레나 고메즈에 관한 내용이다. 그러나 AI가 목소리 복제 대상으로 왜 이들을 선택했는지는 알 수 없다. 다만 유니버설 뮤직 그룹과 드레이크가 AI 제작에 반감을 나타낸 데 대한 반응이었다는 주장에 힘이 실리고 있다.

2023년 4월 12일 유니버설 뮤직 그룹은 스포티파이, 애플 뮤직 등 메이저 스트리밍 서비스에 AI 회사가 음악의 멜로디나 가사를 수집해가는 것을 막아달라고 요청했다. AI로 인한 저작권 침해 가능성을 차단하기 위해서다.

'하트 온 마이 슬리브'는 2023년 4월 10일에 공개되었고, 하루 만에 161,000명의 사용자에 의해 253,900번 청취되었다. 유튜브에서는 이틀 만에 197,000뷰를 기록했다. 스포티파이의 CEO 다니엘 에크Daniel Ek는 실적 발표에서 이 상황을 설명했다. 에크 CEO는 "중요한 건 누가 권리를 가지고 있느냐다. 우리는 혁신을 받아들임과 동시에 창작자를 보호하기 위해 최선을 다하고 있다."라고 말했다.

유니버설 뮤직 그룹은 '하트 온 마이 슬리브' 이후 AI에 더 강경하다. 유니버설 뮤직 그룹의 CEO 루시안 그레인지 Lucian Grainge 는 2023년 4월에 있었던 1분기 어닝콜에서 "인공지능의 성장을 제재 없이 내버려 둔다면, 우리가 원치 않은 콘텐츠가 넘쳐나고 미국을 비롯한 여러 국가에서 저작권법, 상표, 유사성, 사칭, 홍보 등을 담당하는 법률과 관리 문제를 야기할 것이다. AI를 바라보는 방식이 어떻든, 과잉 공급은 좋지 않다. 아티스트에게 좋지 않고, 팬들에게도 부정적이며, 우리 같은 플랫폼에도 악영향을 끼친다."라고 강조했다.

AI 오디오 시장의 진화

AI의 등장이 나쁜 것만은 아니다. 오디오 시장에서 AI 테크는 부가가치를 높여줄 수 있다. 이미 많은 음악, 오디오, 팟캐스트 기업들이 AI에서 새로운 기회를 엿보고 있기도 하다. 오디오 산업에 기술이 접목된 사례도 많고 역사도 깊다. 오디오 산업의 눈부신 발전과 확산도 기술이 없었다면 있을 수 없었다. 오디오 산업이 AI에 더 주목하는 이유는, AI가 오디언스에게 더 개인화된 경험을 줄 수 있고, 콘텐츠의 확장성을 부여해 부가가치를 높일 수 있기 때문이다.

그러나 AI의 부상은 저작권 침해 문제로 제동이 걸렸다. 유니버설의 사례에서 보듯, AI 기술과 음악·오디오 산업은 갈등에 휩싸여 있다. 그러나 AI 기술의 발전과 접목 속도가 걷잡을 수 없이 빠른 만큼, 결국 공존을 모색할 수밖에 없을 것이다. 인간의 손길은 작품을 완성하고 부가가치를 높이는 데 무엇보다 중요하다. 하지만 팟캐스트 각본 작성 같은 기초 업무를 AI에게 맡긴다면 작업 시간과 비용 등 자원의 사용을 대폭 줄일 수 있다.

오디오 산업에서 AI 사용은 명백한 장점이 존재한다. 작은 기업들은 AI를 이용해 음악 이외 영역에서도 도움을 받을 수 있다. 2023년 4월 19일, 버라이어티 마케팅 서밋의 한 참석자는 "작은 회사의 경우, AI의 도움을 받으면 카피나 광고를 만드는 데 돈을 쓸 필요가 없다. AI는 큰 규모의 팟캐스트가 가질 수 있는 노출도를 적은 돈으로 만들어줄 수 있다. 일종의 셀프서비스 기능을 제공하는 셈이다."라고 이야기했다.

엔터테인먼트 분야에서 AI의 적용은 아직 넘어야 할 산이 많다. 그러나 AI의 침투는 이미 시작됐다. 이제는 창작산업과 소비자들이 둘 다 이익을 얻을 수 있는 AI 기술 사용법을 찾아야 한다.

음악에서 생성 AI의 역할

음악 창작에 생성 AI 소프트웨어를 활용하는 것은 글이나 이미지 창작에 생성 AI를 적용하는 것에 비해 주목도가 떨어졌던 것이 사실이다. 그러나 일부 단점만 개선된다면 산업 내 파급효과가 엄청날 것으로 보인다.

음악을 구성하는 요소들이 다양한 만큼, 툴과 모델도 많다. 작사, 작곡, 뮤지컬 제작, 클립, 문구나 사운드, 음성 복제 등 생성 AI의 확장성이 크기 때문이다.

사실 이 기능들을 조합하면 새로운 음악이나 앨범을 만들 수도 있다. 그러나 아직은 AI가 만든 음악에 거부감이 드는 것이 사실이다. 그런 이유로 AI가 만든 음악은 영화, TV, 게임, 메타버스, 팟캐스트, 소셜미디어, 광고 등의 사운드 트랙 등 배경음악으로 활발하게 개발되고 있다.

AI 툴로 음악을 만드는 방식은 크게 두 가지다. 만들고자 하는 장르·스타일·아티스트 등의 사전 옵션 중에서 선택하거나, 시간·멜로디·코드 진행 등 오디오 제작 관련 파일을 업로드한 다음 계속해 수정하는 방식이다.

예를 들면, AI 음악 제작 솔루션 AIVA에서 창작자들은 자신들이 미리 설정한 특정 장르나 스타일로 작곡을 할 수 있다. 록부터 팝, 일렉트릭까지 다양하다. '최신영화 분위기', '중국' 등의 키워드로 장르를 만들어 작곡할 수도 있다. 특정 스타일을 업로드해서 해당 분위기의 노래를 만들 수도 있다.

2023년 1월에 구글이 내놓은 뮤직LM MusicLM은 28만 시간의 음악을 학습한 AI 작곡 솔루션이다. 한두 문장의 짧은 프롬프트나 30초 내외 간략한 노래 설명으로도 훌륭한 음악 샘플을 만들어낼 수 있다.

가사

챗GPT와 같은 AI 텍스트 생성기는 특정 톤이나 아티스트의 스타일을 모방하는 노래 가사를 손쉽게 만들 수 있다. 닉 케이브Nick Cave와 같은 많은 싱어송라이터들이 AI 작사를 경멸하고 있지만, 기술 수준은 인간에 가깝다.

모이세스Moises나 웨이브AIWaveAI 같은 툴은 보다 음악 친화적이고 전문적이다. 전문가들도 충분히 이용할 수 있을 만한 수준이다. 이들 솔루션은 사용자들이 무드나 장르 등을 담은 특정 프리셋 파라미터preset parameters를 만들 수 있게 한다. 또 작사가들이 멜로디에 맞는 단어나 구절을 작성할 수 있도록 라인별로 AI의 추천을 받을 수 있다.

관련 기업

모이세스 : 미국 유타 솔트레이크 시티에 위치한 모이세스는 사용자가 노래의 가사나 특정 악기와 같은 구성 요소를 제거한 다음, 트랙을 따라 연주할 수 있도록 돕는 AI 플랫폼이자 사용자 앱이다. 사용자들은 메트로놈을 추가하거나 피치와 템포를 변경하는 등의 방식으로 트랙을 수정할 수 있다. 이 회사는 가사 내보내기 툴lyric-transcription tool 등의 B2B 서비스를 제공한다.

모이세스는 B2C에서 시작해 B2B 기업으로 진화하고 있다.

뮤지션들은 음악 연습이나 교육에 모이세스를 사용할 수 있으며, 트랙이나 레이블을 따라 하거나, 자신이 원하는 요소를 넣어 연주할 수 있다. B2B용 툴에서는 모이세스를 이용해 노래의 구성 요소를 변경하거나 노래방을 위한 가사 내보내기를 자동화할 수 있다. 모이세스는 인사이더와의 인터뷰에서 2022년 현재 글로벌 사용자가 2,000만 명에 달한다고 밝혔다.

웨이브AI : 미국 캘리포니아 서니베일에 본사를 둔 웨이브AI는 음악가들의 노래 작곡 과정을 도와주는 AI 도구를 만든다. 회사는 두 개 제품을 내놓고 있다. 사용자의 요청에 따라 가사를 제공하는 리릭 스튜디오Lyric Studio와 음악을 제공하는 멜로디 스튜디오Melody Studio가 그것이다. 아티스트가 라임을 맞출 가사를 원하는지, 메이저 또는 마이너 음악 작곡을 원하는지를 판단해 정보를 제공한다.

웨이브AI의 제품들은 아티스트의 초기 창작을 도와주는 데 초점을 맞추고 있다. 완전한 노래를 만들어 제공한다기보다 새로운 곡을 쓸 때, 가사나 멜로디 샘플이 될 수 있는 콘텐츠를 제공한다.

웨이브AI의 CEO 마야 애커먼Maya Ackerman은 인사이더와의 인터뷰에서 "가사 모델은 오픈소스 데이터 세트를 통해 학습됐다. 특정 아티스트의 알고리즘이나 작품을 모방하지 않도

록 설계됐다."라고 강조했다. 그녀는 "사용자의 45%가 이제
막 음악에 입문한 사람들이다. 그들은 음악이나 작곡 작업에
익숙하지 않다. 그러나 우리 솔루션을 이용하면 음악을 배우
고 만들기가 더 쉽다."라고 설명했다.

음악 샘플

최근 출시되는 음악 생성 모델은 몇 초짜리는 물론 4분이 넘는
긴 음악 샘플까지 만들 수 있는 능력을 갖추고 있다. 다수의 작곡
가들이 이렇게 만든 음악 샘플들을 활용해 자신만의 곡을 작곡한
다. 대표적으로 주크박스Jukebox, 댄스 디퓨전Dance Diffusion 등은 완성
형 음악을 만들 수 있도록 구성되어 있다. 단독으로 작곡한 음악
에 가사를 붙일 수도 있다. 하지만 아직은 노래에 맞지 않는 가사
를 만드는 등 완벽하지는 않다.

음악 샘플 AI가 만들 수 있는 것들

- 특정 아티스트나 장르 또는 가사의 스타일을 포함하여 모델
  의 미세 조정이 가능하며, 조건에 따라 새로운 스타일의 음악
  작품을 제작할 수 있다.
- 피아노, 드럼, 베이스, 기타 등이 섞인 팝스타일, 오케스트라,
  목소리 등 음악 작품들의 스타일을 섞거나 옮길 수 있다.
- 가수의 목소리를 흉내 낼 수 있다.

- 몇 초 길이의 음악을 소재로 특정 스타일의 음악을 작곡해 완성할 수 있다.
- 템포 등 음악의 각 요소를 조정해 출력을 개선할 수 있다.

　음악 제작 AI 플랫폼이 상당한 발전을 이룬 것은 사실이지만, 아직 완벽하지는 않다. 좋은 음악이나 히트곡을 만들 수 있는 능력까지는 갖추지 못했다. 오픈AI의 연구자들은 주크박스가 내놓은 백서에서 "이상적인 후렴구나 멜로디를 완성하는 데에는 성공하지 못했다."라고 밝히기도 했다. 또, 현재로서는 이들 AI 플랫폼이 만든 음악 샘플이 실제 작곡가나 아티스트가 만든 작품에 완벽하게 믹스되지 못하고 있는 것도 사실이다. 하지만 시도는 계속되고 있다.

　2023년 2월 DJ 데이비드 구에타David Guetta는 자신의 라이브 앨범 트랙에 에미넴Eminem의 딥 페이크 음성을 삽입했다. 2022년 11월에는 홀리 헌든Holly Herndon이 AI가 만든 자신의 목소리로 돌리 파튼의 히트곡 '졸린Jolene'을 커버하기도 했다. 앞서 '하트 온 마이 슬리브' 사례에서도 보았듯이 복제에 대한 법적 문제가 계속 이어질 테지만, 이와 동시에 AI를 이용한 작사, 작곡, 편곡 트렌드도 계속 이어질 수밖에 없다.

　생성 AI가 만든 작품에 대한 일반 소비자들의 인식도 개선되고 있다. 2023년 2월, 글로벌X가 미국 성인 302명을 대상으로 조사한 바에 따르면 "생성 AI가 음악이나 뉴스 기사를 만들었을 때 어느 정도 신뢰하는가?"라는 물음에 응답자의 약 67%가 "일정 수준 신뢰한다"라고 밝혔다.

관련 기업

포자랩스 : 포자랩스Pozalabs는 AI로 음악 소스를 생성하는 한국 스타트업이다. 2019년 설립된 포자랩스는 편곡, 믹싱, 마스터링, 사운드렌더링 등 작곡의 전 과정에서 50만 개가 넘는 데이터를 학습시켜 인간 창작자에 가까운 품질의 소스를 제공한다. 네이버 D2SF 등에서 프리A 투자를 받은 포자랩스는 2022년 10월 CJ ENM 등으로부터 시리즈A 투자를 받았다. 회사의 목표는 '창의성의 한계를 넓히는 것expand your creativity'이다.

포자랩스의 AI는 음표를 하나의 단어로 파악해 음악을 생성하는데, 속도가 매우 빨라서 한 곡을 작곡하는 데 걸리는 시간이 5분 정도다. 가장 큰 장점은 저작권 침해에서 자유롭다는 점이다. 이런 이유로 국내외 콘텐츠 제작 스튜디오들의 관심이 높다. 드라마, 예능의 글로벌 서비스에서 가장 크게 문제가 되는 것이 음악 저작권이기 때문이다. 포자랩스는 2022년 MBC 드라마 〈닥터로이어〉의 배경음악에 자사 음악을 제공해 화제가 됐다.

아직은 B2B에 집중하고 있지만, 작곡 수요가 높은 일반 대상 B2C 시장 진출도 준비 중이다. 이 회사는 배경음악만이 아니라 작사, 노래까지 하나의 완성된 대중음악을 AI로 만들어 제공할 생각이다. 이를 위해 AI 음성 합성 솔루션 스타트업 수퍼톤과 협력 중이며, LA에 사무실을 내는 등 글로벌 진출도 가속하고 있다.

2

AI가 몰고 온 엔터테인먼트 산업의 변화

AI를 만나 다시 뜨는
메타버스

2023년 7월, 뉴질랜드에 본사를 둔 AI 기업 소울머신Soul Machine 이 한국에서 갑자기 유명해졌다. 아이돌 그룹 GOT7의 멤버 중 한 명을 디지털 휴먼으로 복제한 덕분이었다. GOT7의 멤버 마크 투안Mark Tuan 의 아바타는 유튜브에서 자신을 디지털 마크I'm Digital Mark 라고 소개하며 "나는 24시간 언제든지 팬들과 소통할 수 있다."라고 말했다. 디지털 트윈의 목적이 팬들과의 교감이라는 사실을 명확히 한 것이다.

전 세계를 흔들고 있는 생성 AI가 디지털 휴먼Digital Human 시장에도 침투하고 있다. AI 기술이 디지털 휴먼에 본격적으로 적용되면서 새로운 시장이 열리고 있다. 디지털 휴먼은 3차원 가상 공간인 메타버스의 핵심이지만, 수익 모델 부재와 기술의 불안전함으로

소울머신이 복제해 만든 '디지털 마크 투안' (출처 : 유튜브)

확산이 더뎠었다. 하지만 주어진 명령에 따라 텍스트, 이미지, 비디오를 만들어내는 생성 AI는 디지털 휴먼의 부자연스러움을 해결할 수 있다. 디지털 휴먼이 활동하는 메타버스 역시, AI를 만나 다시 살아날 수 있다.

소울머신은 디지털 휴먼과 메타버스의 부활을 이끄는 대표 AI 기업이다. AI와 애니메이션 기술을 결합해 새로운 차원의 디지털 휴먼을 만든다. 유명 셀럽들의 디지털 휴먼에서부터 메디컬, 유통 등 다양한 영역에서 활동하는 가상 인간도 제작한다. 소울머신이 만드는 가상 인간은 자연스러우면서도 애니메이션 느낌이 드는 것이 특징이다.

2023년, 소울머신은 클라이언트를 위한 디지털 페르소나를 만드는 데 챗GPT를 사용하기 시작했다. 소울머신의 공동 창업주이자 CEO인 그레그 크로스는 테크브루Techbrew와의 인터뷰에서 "클라이언트 회사들과 다양한 실험을 하고 있다. 챗GPT는 디지털 휴먼에 생동감, 자연스러운 대화를 진행할 방법을 제공한다."라고 설명했다.

그는 오픈AI의 챗GPT 등 대량 언어 모델에 디지털 휴먼의 미래를 걸고 있다. 특히, AI를 이용해 캐릭터에 생동감을 불어넣는 작업을 진두지휘하고 있다. 크로스 CEO는 "클라이언트들이 마케팅이나 세일즈, CS 분야에서 도움을 받을 수 있도록 사람을 대신해 편안하게 대화할 수 있는 챗봇 툴을 만들고 있다."라고 말했다.

다만 크로스 CEO는 "디지털 페르소나는 논란이 많은 주제를 피하도록 훈련을 받고 있다. 기존 비즈니스 콘텐츠는 페르소나가 더 똑똑해질 수 있도록 훈련 데이터로 업로드된다."라고 말했다.

소울머신의 아바타들은 카메라를 통해 표정을 읽고 반응할 수 있게 설계되어 있다. 크로스 CEO는 생성 AI의 추가 탑재가 결국 소울머신의 새로운 비즈니스가 될 것이라고 보고 있다. 그는 "세상의 모든 사람이 어떤 방식으로든 챗GPT를 사용하고 있다. 따라서 AI를 활용하기에 가장 좋은 시기"라며 "생성 AI를 가장 인간적인 방식으로 구현하는 가장 큰 기회"라고 덧붙였다.

비즈니스 모델 정교화 필요

소울머신은 2016년 이후 소프트뱅크 등 다양한 벤처 캐피털로부터 1억3,500만 달러를 투자받았다. 2022년에만 하이네켄, IBM

등으로부터 7,000만 달러를 투자받았다.

이후, 소울머신은 메타버스 투자 열기가 사그라지는 분위기 때문에 많은 투자를 받지 못했다. 게다가 디지털 휴먼의 경우 비즈니스 모델이 모호하다. 투자자들이 이 점 때문에 메타버스 기업에 돈을 넣기를 주저하고 있다. 초기 디지털 아바타 기업들은 미디어의 시선을 끌기 위해 광고 목적의 인플루언서 페르소나를 구축하는 데 중점을 뒀다. 홍보나 마케팅용으로 만들어진 것이다. 이런 버추얼 인플루언서들은 주목을 끄는 데 성공했지만, 수익을 창출하기 어려웠다. 그러나 AI가 디지털 페르소나에 탑재되면 새로운 시장을 열어줄 수 있다.

메타버스와 AI, 디지털 휴먼 혁명

소울머신은 자신들의 디지털 휴먼이 메타버스에서 자유롭게 활동하는 시대를 꿈꾸고 있다. 혹자는 메타버스는 죽었다고 말하지만, 크로스 CEO의 생각은 다르다. 그는 메타버스 광풍이 끝난 지금이 오히려 시장 확대의 기회라는 생각을 가지고 있다.

현실과 똑같은 3차원 디지털 세계에서는 디지털 휴먼이 필수적일 수밖에 없다. 특히, AI와 만난 디지털 휴먼은 메타버스 세계를 더욱 현실과 가깝게 만들 수 있다. 크로스 CEO는 "2022년에는 메타버스가 과열됐었고 이제 그 사이클이 지났다. 그러나 나는 디지털 세계의 가장 중요한 요소 중 하나가 AI라고 생각한다."라고 설명했다.

2023년 들어 각 미디어 기업들이 경기 침체로 예산을 줄이면서 디지털 휴먼, 메타버스 등의 시장이 급속히 축소됐다. 하지만 생성 AI가 디지털 휴먼의 대중화를 위한 장벽을 낮출 것이라는 시각이 많다. 과거 디지털 휴먼 제작 비용이 지나치게 비싸고 현실 이미지와 차이가 커 확산이 어려웠던 점을 해결할 수 있다는 것이다. 디지털 휴먼이 활동하는 메타버스 역시 AI와 만날 경우 시너지가 예상된다.

소울머신의 목표는 AI와 최첨단 애니메이션 기술을 접속해 '유명인 아바타'와 소비자들 간 간격을 좁히는 것이다. 소비자들이 좋아하는 유명인의 AI 아바타와 1대1 교감을 주는 것이다. 크로스 CEO는 버라이어티 팟캐스트에 출연해 "자신이 좋아하는 배우들의 디지털 트윈과 자유자재로 이야기하는 모습을 상상해 보면 짜릿할 것"이라고 말했다.

소울머신은 유명인들의 디지털 트윈에 집중하고 있다. 크로스 CEO는 메릴린 먼로나 잭 니클라우스 등 다양한 연예인들의 디지털 휴먼을 만드는 작업을 하고 있다. 크로스 CEO는 수년 내 모든 연예인이 디지털 휴먼을 가질 것이라고 분석했다.

디지털 트윈을 산업적으로 활용하려는 시도는 계속 이어지고 있다. 병원, 유통 매장, 법률 사무소 등에서 고객을 응대하게 하거나 주문을 받는 등의 업무를 시키는 것이다. 소울머신은 개인 특성, 목소리 등을 캡처해 몇 시간 안에 버추얼 휴먼을 만드는 능력

소울머신의 상업용 아바타 (출처 : 유튜브)

을 지니고 있고, AI 더빙 기술도 보유하고 있다. 영어로 만들어진 콘텐츠는 몇 번의 클릭만으로 한국어 동영상으로 전환할 수 있다. 크로스 CEO는 소셜미디어, 인플루언서, 아바타 시장에 어떻게 접근해야 할지를 더 염두에 두고 있다. 그는 "AI가 점점 더 중요한 영역을 차지해나가고 있기 때문에 안전을 위해 더 신경을 쓰고 있다."라고 설명했다.

모든 혁신에는 부정적인 면이 있다

생성 AI가 인간의 창작 능력을 넘어설 만큼 똑똑해지고 있지만, 이를 둘러싼 두려움도 깊다. 특히, 원본과 지나치게 유사한 디지털 휴먼이 오리지널의 안전을 위협할 수 있다는 두려움이 크다.

사람들은 '무섭도록 똑똑한 AI'에 두려움을 느끼고 있다. AI를 쓰면 쓸수록 AI에 대한 우려와 걱정도 커지고 있다. 2023년 5월, 버라이어티가 15세 이상 미국인 1,799명을 대상으로 조사한 결과, 모든 세대에서 AI 사용에 대한 우려를 표했고, 나이가 많을수록 AI의 부작용에 대한 걱정도 컸다. 15~29세의 64%, 30~44세의 73%, 45~59세의 74%가 AI의 부작용을 염려했다. 60세 이상에서는 10명 중 8명(81%)이 AI의 전반적 사용을 걱정했다. 특히, 특정인의 얼굴이나 특징을 그대로 복사해 다른 콘텐츠에 합성하는 딥페이크 기술의 발전은 두려움을 가중시킨다. 생성 AI를 만나면서 딥페이크가 더 교묘해지고 있기 때문이다.

딥페이크 기술은 자신을 닮은 디지털 휴먼을 만드는 데에도 사용된다. 그러나 동시에 딥페이크에 대한 관심도 높아지고 있다. 버라이어티의 조사 결과, 젊은 응답자의 절반가량(15~29세의 55%, 30~44세의 54%)이 딥페이크로 만들어진 배우나 가수에 관심이 있었다. 엔터테인먼트 산업이 AI에 의해 지배되고 있음을 부정할 수 없는 수치다.

엔터테인먼트 업계에서 딥페이크나 디지털 휴먼의 활용 폭이 점점 넓어지고 있다. 할리우드 유명 연예기획사 CAA는 생성 AI 기업 메타피직Metaphysic과 고객들을 위한 '디에이징' 기술을 제공하는 계약을 맺었다. 제임스 얼 존스James Earl Jones 등과 같은 연예인들은 이미 자신의 목소리 유사성voice likenesses에 대한 계약을 맺었다. 향후 배우들의 얼굴, 목소리, 행동 등 전체 유사성의 활용 계약이 일반화될 것으로 보인다.

이렇듯, 모든 혁신에는 긍정과 부정의 양 측면이 있다. 크로스 CEO는 "디지털 휴먼이 다른 영역에 악용될 수 있지만, 인류가 시작된 이후 탄생한 모든 혁신도 마찬가지였다."라고 설명했다. 그는 "어떤 기술을 막론하고 악용하려는 사람들이 있다. 이는 인류의 특성이며 현실 세계 곳곳에 존재한다. 따라서 AI 기술을 악용하려는 사람도 분명히 존재할 것"이라고 말했다. 결국, 딥페이크, AI 디지털 휴먼이 가짜뉴스나 사기 등의 범죄에 쓰일 수 있지만, 이는 기술의 문제가 아닌 잘못된 행동을 하는 범죄자의 책임이라는 이야기다.

젊은 세대일수록 AI에 대한 우려 적어

우리가 경험하는 AI는 더 넓어지고 더 교묘해질 것이다. AI는 앞으로 더 많이 쓰일 수밖에 없다. 모든 산업에 적용되는 요소 기술인 동시에 '탑재에 드는 비용'이 매우 저렴하기 때문이다. 게다가 AI는 인간을 넘어설 정도로 정확도가 높다. 결국, 우리는 AI를 잘 활용해야 한다.

젊은 세대들은 이미 AI를 받아들일 준비가 되어 있다. 버라이어티 설문 결과, 60세 이상 이용자의 40%가 AI의 확산을 매우 두려워했지만 20대에서는 매우 우려 very concerned 한다는 응답이 20%에 불과했다. 20대 10명 중 8명은 'AI가 점점 더 많이 쓰이겠지만 자신들의 자리에는 큰 변동이 없다'라고 보는 것이다.

그렇지만, AI를 제대로 활용하기 위해선 '노년층'의 신뢰도 매우 중요하다. 이들의 두려움을 완화하는 노력도 필요하다. 오남용 정보의 범람은 AI에 대한 신뢰를 더 힘들게 만들 수 있다. 하지만, AI 사용에 대한 교육과 AI의 무분별한 악용과 남용을 막을 수 있는 가드레일이 있다면, 우리는 AI와 공존하는 시대를 충분히 기대할 수 있다.

AI에 대한 가드레일은 자율적이어야 한다. AI는 정부 규제를 앞서 발전할 가능성이 크기 때문에 기업 스스로가 자제하지 않으면 AI 확산에 대한 두려움을 막기 어렵다. 이런 점에서 2023년 7월 미국 백악관과 주요 AI 기업들이 맺은 '자율 규제 협약'을 주목할 필요가 있다.

2023년 7월 21일 아마존, 앤스로픽, 구글, 인플렉션, 메타, 마이크로소프트, 오픈AI 등 7개 주요 AI 기업 CEO들은 바이든 미국 대통령과 백악관에서 면담하고 AI 안전, 보안, 신뢰에 관한 새로운 자율 규제 기준을 만드는 데 합의했다. 바이든 대통령은 합의 현장에서 "우리는 민주주의와 가치에 영향을 미칠 수 있는 최신 기술과 이 기술이 만드는 위협에 강력하게 대처해야 한다. AI 개발에는 책임감이 있어야 하고, 우리는 잘못된 부분을 바로 잡아야 한다."라고 설명했다.

백악관 자율 규제 합의의 핵심은 소비자와 인류 보호다. 이를 위해 다양한 규정들이 탑재됐지만, 가장 현실성 있고 의미 있는 합의는 'AI 워터마킹 시스템'의 도입이다. 만약 텍스트, 이미지, 비디오 등을 AI가 만들었다면 이를 콘텐츠에 표시하겠다는 것이다. AI 워터마크만 잘 표시될 수 있다면, 인간 창작물의 가치가 높아지고 '알고리즘' 문제로 편견을 가질 수 있는 AI 생성 콘텐츠의 문제점을 어느 정도 막을 수 있다.

AI는 엔터테인먼트 업계의 많은 문제를 해결하고 새로운 질서를 만들어낼 것이다. 다른 엔터테크들이 그랬듯, AI 역시 창작자가 상상했던 일들을 현실로 만들어 낼 수 있다.

우리가 극장에서 영화를 볼 수 있는 것은 영사기의 발명 덕분이다. 영화필름을 영사하는 영사기는 미국의 존 긴즈와 프랑스의 뤼미에르 형제가 처음 발명했다. 하지만 이들의 발명이 이루어질 수 있었던 것은 에드워드 마이브리지 Eadweard Mybridge 라는 한 경마광의 노력 덕분이었다.

1872년, 미국 샌프란시스코에 살고 있던 경마광 마이브리지는 친구 스탠퍼드와 함께 경마장에서 말이 달리는 모습을 사진으로 찍기로 했다. 그리고는 경마장 안에 24대의 카메라를 설치하여 '움직이는 말 The Horse in Motion '을 촬영했다. 첫 촬영 작업에 성공한 마이브리지는 연구를 거듭한 끝에 1초 동안 82매의 사진을 찍는 데 성공했다. 그의 연속촬영이 성공하자 많은 사람이 '움직이는 사진'을 발명하기 위한 연구를 시작하게 되었고, 이는 영사기의 발명으로 이어졌다.

AI가 적절히 규제되고 긍정적인 활용이 더 부각 된다면 새로운 부가가치를 만들고 '엔터테크 AI의 새 시대'를 열 수도 있다. 그러나 그에 앞서 AI의 힘은 통제 및 규제되어야 하며 적용 범위도 확정되어야 한다. 그래야 우리와 AI의 건전한 공생 관계가 유지될 수 있을 것이다.

AI와 게임의 만남,
게임 캐릭터에 인격을 입힌다

주어진 명령에 따라 원하는 결과를 만드는 AI는 게임과 의외로 잘 맞는다. 기존에는 단순한 루트로 움직이고 생각하던 게임 캐릭터들이 AI를 만나면서 게이머들과 교감하기 시작했다. 그래서 AI가 접목된 게임은 더 재미있고 흥미롭다. 이런 이유로 AI가 접목된 게임을 만드는 기업들에 대한 주목도도 상승하고 있다.

인월드AI는 생성 AI를 이용, NPC Non-Player Character (게이머가 조종할 수 없는 캐릭터)의 능력을 향상하는 기술을 보유하고 있는 스타트업이다. 대화에 반응하고 생각하는 AI NPC 캐릭터들은 게임뿐만 아니라 인터랙티브 영화에도 등장할 수 있다.

샌프란시스코에 본사를 둔 인월드AI는 2023년 8월 2일 라이트스피드 벤처 파트너스 Lightspeed Venture Partners 가 이끄는 투자 라운드에서 5억 달러가 넘는 기업 가치를 인정받았다. AI 게임으로는 역대 최고 수준이다. 물론 이 기록은 AI가 확산함에 따라 갱신될 가능성이 크다.

이 투자에는 다양한 펀드들이 들어왔다. 스탠퍼드 대학, 에릭 슈미트가 설립한 퍼스트파크 벤처스First Spark Ventures, 삼성 넥스트Samsung Next, LG 테크놀로지 벤처스LG Technology Ventures 등의 굵직한 글로벌 투자자들이 인월드의 펀딩 라운드에 들어왔다.

인월드AI는 이번 라운드로 5,000만 달러의 자금이 추가로 들어왔고, 총투자금은 1억2천만 달러를 넘어섰다고 밝혔다. 회사는 인터랙티브 게임 캐릭터를 만들기 위한 AI 모델링에 이 돈을 쏟아붓기로 했다. 일리야 겔펜바인Ilya Gelfenbeyn 인월드 CEO는 "투자금을 연구 개발, CS, 인프라 및 캐릭터 엔진, 오픈 소스 개발 등에 투입할 계획'이라고 밝혔다.

인월드AI의 활용은 게임에만 머물지 않을 것 같다. 인월드AI의 인터랙티브 데모는 그야말로 충격이었다. '오리진스'라고 이름 지어진 이 데모에는 SF 세계에서 사용자들이 범인을 찾고 문제를 해결하기 위해 AI 캐릭터들과 자연스럽게 대화하는 장면이 담겼다. AI라는 배경 지식이 없다면 두 명의 인간 배우들이 말하는 장면이라고 해도 믿을 수 있을 정도였다. 상황을 설명해 달라는 질문에 AI 캐릭터가 답을 했고 현재 진행 중인 사건도 요약했다. 하지만 아직 더 많은 기술 개발이 필요한 장면도 있었다. 캐릭터들의 대답이 다소 느렸고 가끔 엉뚱한 말도 했다. 그렇지만 발전 가

인월드 오리진스 (출처 : 유튜브)

능성에 대해서는 이견이 없다.

NPC 캐릭터에 성격을 부여하는 능력에 투자 몰려

인월드는 언리얼Unreal, 유니티Unity, 로블록스Roblox 등의 게임 엔진을 통합해 게임 NPC에 인격을 부여할 수 있는 기술을 가지고 있다. 카일란 깁스Kylan Gibbs 인월드AI CPO는 악시오스에 "우리는 이제 게임 등장 인물들에게 성격, 기억, 목표와 동기를 부여할 수 있다."라고 강조했다. 이에 인월드 캐릭터들은 AI를 탑재해 페르소나를 갖게 되고, 단순 대답이 아닌 맥락과 배경을 이해해 게이머들과 더 깊은 대화와 연대를 나눌 수 있게 되었다.

인월드AI는 다양한 기술 및 게임 회사와 일하고 있다. 주로

NPC 캐릭터에 AI를 부여해 AI NPC를 만드는 데 도움이 되는 회사들이다. 스타듀 밸리Stardew Valley, 스카이림Skyrim, 그랜드 테프트 오토Grand Theft Auto 등의 게임과 니안틱Niantic, LG, 넷이즈NetEase, 디즈니Disney 등이 대표적이다.

2021년 7월 설립된 인월드는 2023년 8월 현재 70여 명의 직원 중 상당수가 구글이나 딥마인드 등 AI 전문 기업에서 이직한 연구원들이다. 겔펜바인 CEO는 회사를 천천히 키울 생각이었지만 AI 붐을 타고 엄청나게 빠른 속도로 주목받았다고 밝혔다. 그는 악시오스에 "투자자들과 AI 게임 아이디어에 관해 이야기했고, 당시 피드백은 '엄청나다'는 것이었다. 대다수는 당장 다음 주에라도 투자할 수 있다고 언급했다."라고 설명했다.

인월드의 투자 라운드는 엄청난 속도로 이뤄졌다. 2021년 11월, 인월드는 시드 펀딩seed funding에서 700만 달러를 모았다. 당시 메타도 투자에 참여했다. 이어 2022년 초에는 비트크래프트 벤처스BITKRAFT Ventures가 이끄는 투자 라운드에서 1,000만 달러의 투자를 이끌어냈고, 2022년 말에는 섹션 32Section 32와 인텔 캐피털Intel Capital이 공동 주도한 시리즈 A 라운드에서 5천만 달러의 투자를 받았다.

디즈니와 만드는 차세대 '엔터테인먼트 테크놀로지'

인월드AI가 엔터테인먼트 테크놀로지 시장에서 본격적으로 주목받은 시기는 2022년이다. 디즈니는 매년 엔터테인먼트 테크놀로지 전문 스타트업에 투자하고 이 기업과 함께 새로운 상품(서비스)을 만드는 '디즈니 엑셀러레이터 프로그램'을 운영하고 있다. 이 프로그램에 참여하는 스타트업을 보면 '디즈니가 미래를 위해 어떤 기술에 투자하는지' 엿볼 수 있다는 점에서 매년 많은 주목을 받고 있다. 인월드AI는 2022년에 디즈니 엑셀러레이터 프로그램에 선정된 바 있다.

디즈니는 새로운 테마파크 비즈니스, 콘텐츠 연관 상품 등의 개발을 위해 새로운 기술을 갈구하고 있다. 디즈니 액셀러레이터 프로그램 총괄 이사 보니 로젠Bonnie Rosen은 보도자료에서 "거의 한 세기 동안, 디즈니는 미래 엔터테인먼트 기술 개발 최전선에 있었다. 중심에는 액셀러레이터 프로그램이 있으며 이들 기업이 다음 100년 동안 디즈니 관객에게 마법과 같은 경험을 가져다주는 데 큰 역할을 할 것"이라고 강조했다.

2022년 디즈니 액셀러레이터 프로그램 프레젠테이션에서 인월드AI는 루카스필름의 몰입형 스토리텔링 스튜디오 'ILMxLAB'과 협업해 몰입형 캐릭터를 대량으로 만들 수 있는 개발자 툴인 드로이드 메이커Droid Maker를 만들고 있다고 밝혔다. 또 디즈니 스타의 '디즈니 스타버스 플랫폼Disney Starverse platform'을 위한 AI 인격체AI personality를 개발 중이라는 사실도 공개했다. 사용자가 캐릭터와 자연스러운 대화를 하는 콘셉트다. 이 당시 공개된 상당수 기술이 2023년 들어 실제로 구현되었다.

인월드AI, 아동 교육에도 활용

인월드AI의 기술은 교육용 콘텐츠에도 최적화되어 있다. 게임 캐릭터와 사용자가 친구처럼 대화할 수 있는 능력은 몰입감과 학업 성취도를 극대화할 수 있다. 2023년 6월, LG유플러스는 한국에서 베타 서비스 중인 키즈용 메타버스 '키즈토피아'에 생성 AI를 탑재해 글로벌 시장에 진출한다고 밝힌 바 있다. 아이들에게 정보를 전달하고 소통하는 캐릭터에 AI가 적용돼 NPC마다 페르소나를 갖게 되고, 단순 대답이 아닌 맥락과 배경을 학습해 아이들과 더 깊은 대화와 연대를 나눌 수 있도록 만들어졌다. 이 AI 기술도 인월드AI가 제공했다.

LG유플러스에 따르면 영어마을에서는 아이들이 상점 점원, 주민 등 AI NPC와 대화하고 질문하며 영어 회화를 자연스럽게 경험할 수 있다. 캐릭터들이 대화에 반응하기 때문에 아이들과 교감하는 수준이 높을 수밖에 없다.

AI는 엔터 산업에
위기인가 기회인가

생성 AI의 확산은 엔터테인먼트 업계에 위기일까, 기회일까? 어떤 기술을 막론하고 도입 초기에는 저항도 크고 기대도 크다. 그 기술로 인한 변화가 누구에게는 기회지만, 다른 누구에게는 생존을 위협하는 무기가 될 수 있기 때문이다.

2023년 2월, 모닝컨설트가 미국 성인을 대상으로 AI의 도입에 관한 인식을 조사했다. 그 결과, AI 도입으로 가장 손해를 볼 비즈니스 분야로 소프트웨어 개발자와 프로그래머가 선택되었다. 응답자의 71%가 AI 도입이 이들 업종에 실이 될 것이라고 답했다. 2위는 56%의 응답자가 선택한 금융/회계 분야였다.

생성 AI의 발전은 엔터테인먼트 분야에 많은 영향을 미칠 수밖에 없다. 일자리와 업무 등이 모두 바뀔 가능성이 크기 때문이다.

배우들의 경우에는 AI가 새로운 기회를 만들어 줄 수 있다. AI 생성 아바타와 음성 복제가 배우들이 현장에 없는 상황에서도 작업을 진행할 수 있게 해주기 때문이다. 생을 마감한 배우도 공연에 참여할 수 있고, 심지어 전 세계 동시 공연도 가능하다.

AI가 만드는 새로운 기회

이런 상황은 이론적으로는 한 명의 배우가 시간과 장소의 제약 없이 여러 프로젝트에 동시에(특히 영화배우) 참여할 수 있게 하고, 그로부터 더 많은 수익을 올릴 수 있게 해준다. 제대로만 활용한다면 AI 기술을 엔터테인먼트 업계에 도입하는 것에는 여러 긍정적인 측면이 많으며, 아직 미흡하지만 여러 현장에서 다양한 실험이 이뤄지고 있다.

음성 복제와 비주얼 더빙 기술은 언어가 다른 지역으로 진출하고자 하는 팟캐스트, 라디오 등에서 활용할 수 있고, 배우들도 세계 각국의 팬들에게 메시지를 보내거나 팬 서비스 행사 등을 온라인으로 진행할 때 활용하는 등 무궁무진하게 사용 범위를 넓힐 수 있다.

물론 이 같은 전망이 현실이 되기 위해서는 기술 개발이라는 선결과제의 해결이 필수적이고, 이에 더해 배우들의 초상권이 공정하게 보장되어야 한다. 배우나 셀럽들의 AI 개발과 활용에 대한 인식 개선도 필요하다. AI가 자신을 복제하는 것이 싫을 수도 있기 때문이다.

최소한 유명 연예인 계약 관행은 AI의 도입으로 바뀔 것으로 보인다. AI의 이용과 활용, 보상과 관련한 법적 조항이 반드시 포함될 것으로 예상된다. 이와 관련하여 법적 규제도 연예인들의 권리를 보호하는 방향으로 바꾸어야 할 것이다. 이미 조짐이 조금씩 보인다. 할리우드 일부 배우들은 소속사와의 계약에 '시뮬레이션 권리'를 포함하고 있는 것으로 알려졌다. 자신들의 이미지나 목소리, 움직임 등을 담은 유사 합성물을 사용할 수 있는 권한과 비용등을 담은 내용이다.

그러나 아직은 이 같은 권리에 관한 체계가 잡혀 있지 않다. 배우가 그들의 합성물 사용에 동의하는 방법이나 절차 등에 관한 의문도 따라온다. 기회를 확대할 수 있다는 장점이 분명히 존재하지만, 만약 배우가 사용 동의나 보상에 관한 조항을 제대로 따지지않고 서명한다면, 권리와 기회를 착취당할 수도 있다.

AI는 창작의 부조종사

엔터테인먼트, 특히 영화와 TV 프로그램 제작에서는 AI가 필수불가결한 요소가 될 것이 분명하다. AI는 창작 작업을 같이하는 부조종사의 역할을 맡게 될 것이다. 아티스트들은 이제 AI와 협력하고 협업해야 한다. AI를 잘 이용하는 창작자일수록 생존 능력이더 높아질 수밖에 없다.

AI 시대, 최고의 시나리오는 실제 제작 현장에서 AI 도구를 이용해 효율성, 생산성, 효용성을 높이는 것이다. 더 많은 아이디어를 내고, 수익 달성 주기를 앞당기고, 그동안 시간을 잡아먹던 단순 작업 속도를 높이면서 말이다. 이를 통해 최종 작품의 완성도가 높아지면 고객들의 만족도도 높아질 수밖에 없다. AI가 일에 투입되면, 특정 창작 업무나 기술이 사라지거나 새롭게 강조될 수 있다.

AI 시대, 이제 창작자들의 역할도 달라진다. 컨셉 아티스트나 그래픽 디자이너, 게임 프로그래머 등에게는 AI를 얼마나 잘 이용하는지가 가장 중요한 능력이 될 수밖에 없다. AI에 제대로 된 질문을 던져서 최대한 좋은 결과를 뽑아내야 한다. 코딩 보조 AI나 이미지 생성기에서 더 좋은 결과를 내기 위해, 보다 효율적인 프롬프트를 만드는 능력도 개발해야 한다.

아직 완전하지 않은 AI

정확한 업무에 정확한 툴이 필요하듯, 인간은 창의적 전문가로서 가장 효과적인 결과를 내기 위해 AI를 사용할 시기, 이유, 방법은 물론 사용 여부까지도 영리하게 결정해야 한다. AI 시대, 창의적 전문가의 역할이 더 중요해질 수밖에 없다. 인간의 창의적 재능은 결과물의 수준을 높이기 위해 핵심적이다.

머지않아 상당수 창의적 업무가 AI에 전적으로 의존하게 될 위험이 있다. 그러나 아직은 한계가 있다. AI 챗봇 등 텍스트 생성모델은 '환각hallucinate'이라는 문제를 공통적으로 가지고 있다. 부정확한 정보를 계속해 제공하는 것이다.

AI가 만든 최종 결과물에 대한 사람의 검증 과정은 필수다. 오픈AI의 CEO 샘 알트만도 2023년 2월 챗GPT를 '무서운 제품horrible product'이라고 말하면서 아직은 중요한 것을 의존해서는 안된다고 말한 바 있다. 또 훈련 데이터에 편견이 담길 경우, AI 역시 균형감을 잃는다. 2023년 4월 출시된 GPT-4에서는 문제점이 많이 해결됐지만, 여전히 부족하다. 부정확한 정보와 가짜 뉴스 등을 유통할 가능성이 있다.

텍스트-비디오 변환 AI는 기술적인 문제가 많다. 아직 10분 이내 콘텐츠만 만들 수 있고 저화질 영상 제작이 전부다. 아바타의 움직임도 완전히 인간 같지는 않다. 저작권도 강화되고 있다. AI 이미지 생성 솔루션들이 저작권을 침해해 영상을 만들기가 쉽지 않아졌다는 말이다.

그렇다면 AI가 적용된 서비스나 제품 중 가장 관심이 많고 기대되는 분야는 무엇일까? 모닝컨설트의 조사에 따르면, 온라인 검색(49%), 음식 조리법(48%), 운전 보조(48%) 등이 상위에 있었다. 따라서 이들 관련 직업이 AI에 영향을 받을 가능성이 크다. AI가 방송, 콘텐츠에 반영되는 속도를 반영하듯, TV 시리즈(29%), 광고(29%)가 영향을 받을 것이라는 응답도 높았다.

저작권 침해 문제

일부 창작자 및 기업은 AI를 독창성을 훼손하는 도구로 보고 있다. AI의 대량 언어 모델은 기존 데이터로 학습하기 때문에 저작권 침해 가능성이 있는 것도 사실이다. 다만 엄청나게 많은 데이터를 참고하기 때문에 특정 작품을 베꼈다고 보기는 어려워서, 창작자가 저작권이나 특허 침해 가능성을 추적하기는 쉽지 않을 것이다. 그러나 저작권 침해 소송은 복잡하다. AI 솔루션 제작에 문제를 제기해야 하는지, 이를 이용해 제품을 만든 사람에게 책임을 물어야 하는지도 불분명하다.

일부 생성 AI 도구는 사용자들이 자신들의 결과물을 상업적으로 이용하는 것을 허락하고 있다. 그러나 이 작품들이 저작권 침해 소지가 없다는 뜻은 아니다. 또 AI가 만든 작품은 아직 저작권을 인정받지 못한다. 이런 이유로 미국에서 예술가들의 AI 저작권 침해 소송이 잇따르고 있다.

오픈AI의 이미지 생성 AI인 달E는 이용자들이 달E를 이용해 만든 이미지의 사용권을 100% 이용자 자신에게 부여한다. 사용권에는 책·웹사이트·게임·영화 등을 위한 상업 작품 제조 판매권 등이 포함됐다.

미국 저작권청 U.S. Copyright Office 이 2023년 3월에 내놓은 가이드라인에 따르면, 인간 작가의 수정이나 재배열 없는 원시 AI 생성 출력물은 저작권을 가질 수 없고, AI 지원 작품은 이를 명시해야 한다. 그러나 AI 이용범위가 넓어지고 기술이 발전할수록 이 규정도 바뀌어야 한다는 주장도 많다.

AI가 만든 작품에 인간 작가의 창작력이 얼마나 포함됐는지를 판별하기도 어렵다. 포토샵이나 다른 그래픽 기술을 사용하는 경우에는 저작권이 인정되는 만큼, 형평성 문제도 제기될 수 있다. 요즘에는 그래픽이나 편집 툴에도 AI가 모두 탑재되어 있다. 게다가 AI가 발달해도 인간이 만드는 작품이 훨씬 더 가치가 있다는 설문 조사들도 많아서, AI를 자연스럽게 '제작 툴'로 봐야 한다는 지적도 있다.

AI가 저작권, 오남용, 개인 정보 보호에 줄 우려에 관한 설문에서는 '자신의 개인 정보 보호와 데이터 보호'가 걱정된다고 답한 비율이 74%였다. 가짜 뉴스 오남용이 우려된다는 설문도 70%나 됐다.

AI 기술 개발의 일관성과 속도를 고려할 때, 향후 생성 AI가 정보를 반복적으로 구성하고 재구성하는 능력에서 인간의 창의성을 뛰어넘을 가능성이 크다. 마케팅이나 홍보 카피 같은 경우, 창의성은 없더라도 어색하지는 않을 수 있다.

이미 인간이 만든 작품과 AI가 생성한 작품을 구분하는 데 어려움을 겪는 영역이 등장하고 있는 만큼, 창의 산업 creative industry 분야에서 신뢰성을 평가할 수 있는 틀이 필요하다. AI를 이용해서 만들었는지, 저작권 침해 등 여하한 법적 문제는 없는지를 파악한 뒤에 대처해야 한다는 이야기다. 이제 AI가 없는 세상을 상상하기 어렵기 때문이다.

유튜브 등장 이후 가장 큰 변화

생성 AI는 모든 장르의 콘텐츠, 미디어, 엔터테인먼트, 비즈니스 관행까지 바꿔놓을 것이다. AI 시대, 엔터테인먼트에 대한 새로운 정의가 나올 수도 있다. 2005년에 유튜브가 처음 나왔을 때는 아무도 이 동영상 플랫폼이 세상의 모든 콘텐츠 유통 질서를 바꿀지 예상하지 못했다. 현재 유튜브는 TV와 영화, 엔터테인먼트 모두를 대체하고 있다. 버라이어티의 설문 조사 결과 'AI가 인간을 능가할 것인가'라는 질문에 절반 가까이가 '그렇다(45%)'라고 답했다.

엔터테인먼트 산업은 팬들의 관심과 인기가 필요하다. 크리에이터 이코노미도 마찬가지다. 결국, 이 지점에서 가장 중요한 것은 소비자들이 어떤 콘텐츠를 원하느냐다. AI가 만든 것을 원하는지, 내가 AI를 이용해 만드는 것을 원하는지를 파악하는 것은, AI 시대에 확인해야 할 핵심이다.

일부 전문가들은 AI 생성 콘텐츠가 일반화가 되면 사람이 만든 창의적 결과물이 소비자들 마음속에 진정성 있는 프리미엄 콘텐츠로 자리 잡을 것이라고 보고 있다. 소셜미디어 서비스에 올리는 보정 없는 원본 사진처럼 말이다.

AI 시대, 사람들의 관심은 결과물보다 과정에 더 집중될 수밖에 없다. 결과물이 아닌 저자, 영향력, 기법이 그것이다. 창의적인 과정이 창의적인 결과물보다 중요할 수 있다. 결국, AI가 인간 창의력의 본질에 대한 더 깊은 성찰과 성장을 가져올 것이다. 인간의 창의성이 어떻게 작동하는지를 새롭게 탐색하고 설명할 방법을 찾아야 한다. AI와는 다른 인간의 차별점은 무엇이고, AI 시대에 인간은 어떻게 평가받아야 하는지도 아직 남은 숙제다.

AI 기술 도입 확대와
할리우드 노조의 파업

미국 배우와 방송인을 대표하는 '배우·방송인 노동조합SAG-AFTRA'
이 2023년 7월 13일을 기점으로 파업에 돌입했다. 이후 노조 소
속 배우들은 영화와 TV 제작 현장 참여를 거부했다. 그에 앞서
2023년 5월에는 할리우드 TV, 영화 작가들은 스트리밍 서비스
보상금 인상과 AI 사용 지침 등을 두고 제작사와의 협의에 실패하
면서 파업에 들어갔다.

　배우 노조의 파업으로 할리우드는 1960년 이후 처음으로 작가
노조와 배우 노조의 동시 파업이라는 '더블 스트라이크'를 맞았
다. 배우와 작가가 콘텐츠 제작에 참여하지 않으면, 콘텐츠 생산
라인은 모두 멈출 수밖에 없다. 두 조직의 파업 모두 콘텐츠 제작
현장의 AI 사용 여부가 주요 쟁점이었다.

미국 배우 방송인 노동조합 파업 (출처 : BBC)

작가와 배우·방송인의 동시 파업

2023년 7월 13일, 미국 배우·방송인 노조는 파업 여부에 대한 무기명 투표를 실시하고 파업을 결정했다. 노조 측 협상 대표인 던컨 크랩트리 아일랜드Duncan Crabtree-Ireland는 기자 회견에서 "노조원들은 공정한 계약이 이루어질 때까지 노동을 보류해야 한다. 제작사들은 아직 우리에게 어떠한 대안도 제공하지 않았다."라고 말했다. 노조 소속 배우들은 7월 14일부터 제작에서 손을 떼고 피켓을 들었다. 노조 회원들은 뉴욕과 LA에 자리한 넷플릭스, 워너브러더스 디스커버리, 디즈니, 아마존, NBC유니버설 등 할리우드 스튜디오 건물 앞에서 시위를 벌였고, 일부는 작가 노조와 연합 시위를 진행했다. 유명 배우 니컬러스 케이지도 북미 최대 콘텐츠 장르 축제인 '몬트리올 판타지아 필름 페스티벌Montreal's Fantasia Film Festival'에 불참하기로 했다.

　노조의 지침에 따르면, 노조원들은 콘텐츠 시사회에 참여할 수 없고, 완성작을 위한 인터뷰도 거부해야 한다. 당연히 에미상, 오스카 등 각종 영화제에도 참석할 수 없다. 파업 효력이 발생한 이후부터는 소셜미디어 등을 이용해 작품을 홍보해서도 안 된다. 노조 회장 프란 드레셔Fran Drescher는 기자 간담회에서 "우리는 탐욕스러운 거대 기업의 희생양이 되고 있다. 이제 더는 그대로 받아들이지 않겠다."라고 강조했다.

　미국 배우·방송인 노조와 '영화·TV 제작자협회'는 배우들이 근로조건, 계약에 포함되어야 하는 필수조항(인권 보호 등), 수익 배분 등을 3년마다 논의한다. 2023년 협상에서는 당연히 스트리밍과 AI가 주요 쟁점으로 떠올랐다. 드레셔 회장의 연설에도 이 두 부분이 강조됐다. "스트리밍과 AI가 엔터테인먼트 업계의 질서를 뒤집어놓고 있다. 그러나 기존 계약에는 이에 대한 보호조치나 수익 배분 조항이 전혀 포함되어 있지 않다."라고 강조했다.

　배우·방송인 노조가 콘텐츠 제작에 AI 도입을 금지하라고 요구하는 것은 아니다. 다만 AI가 만들어내는 배우들의 유사성performer's likeness에 대해 합의와 보상을 요구하고 있다. 디지털 휴먼이나 음성 복제 등의 저작권이 배우들에게 있다는 주장이다. 제작자협회도 전반적으로 동의했으나, 배우들은 의심을 거두지 않고 있다. 노조 측 협상 대표인 던컨 크랩트리 아일랜드는 "악마는 디테일에 있다 The devil is in the details "라고 말했다.

배우·방송인 노조는 제작사들이 자사의 CEO에게 해마다 수억 달러의 임금을 지급하는 것에 대해 비난을 쏟아냈다. 드레셔 대표는 "제작사들은 CEO들에게 수억 달러를 안겨주면서, 적자를 이야기하며 구조 조정을 시행하고 있다. 정말 역겹다."라고 비난을 쏟아냈다. 반면, 제작자협회는 "배우들의 임금과 잔여보상, 시리즈 제작 단축 요구 등이 거세지고 있다. 흥행보상과 건강보험 비용도 급격히 증가했다. AI 기술 발전에 따라 배우의 '디지털 유사성' 보호에 대한 요구도 늘고 있다."라며 어려움을 호소했다.

이 와중에 디즈니 밥 아이거 Bob Iger CEO의 인터뷰는 배우들의 분노를 샀다. 아이거는 노조가 지적한 수억 달러 임금 수령 CEO 중 한 명이며, 2022년 복귀 후 2026년까지 자리를 보장받았다. 그는 CNBC와의 인터뷰에서 작가 노조와 배우·방송인 노조의 동시 파업에 대해 "그들의 요구가 현실적이지 않다."라고 말해 논란에 불을 지폈다. '그들의 요구가 비현실적'이라는 언급은 파업의 당사자들을 자극하기에 충분했다. 드레셔 대표는 아이거의 인터뷰에 대한 생각을 묻는 말에 "나는 할리우드 제작사들이 혐오스럽고 고집불통이라고 생각한다"라고 언급했다.

이에 앞서 작가 노조의 파업 타깃은 워너브러더스 디스커버리의 CEO 데이비드 자슬라브 David Zaslav 였다. 자슬라브는 2023년 1분기 실적 발표 당시 CNBC에 출연해 "작가 노조와 제작자협회가 공유하고 있는 '일에 대한 열정 love of working'이 궁극적으로 파업을 끝낼 것"이라고 이야기했다. 그러나 작가들은 이 말을 '정당하지 않은 보상'을 '열정'으로 포장하려는 꼼수로 받아들였다.

동시 파업 원인은 기술, 이번에는 AI

배우 노조와 작가 노조의 동시 파업은 1960년 이후 처음 있는 일이다. 당시 배우 조합Screen Actors Guild 대표는 로널드 레이건Ronald Reagan 전 대통령이었다. 1960년의 파업 역시 당시 최신 엔터테인먼트 기술이었던 'TV' 때문에 발생했다. 작가와 배우는 TV의 등장으로 인한 보상 문제로 제작사와 줄다리기 협상을 했다. 창작자들은 자신들의 영화가 TV에 방송됐을 때 추가 보상을 받을 권리를 원했다. 파업 끝에 배우와 작가들은 TV 재방송, 영화의 TV 방송으로 인한 추가 보상권을 획득했고, 사상 처음으로 연금과 복지 지원을 받아냈다.

63년 만의 동시 파업이지만, 갈등 양상은 데자뷔처럼 재연되고 있다. 빠르게 발전하는 기술은 기존 인력의 직업과 수익을 불안하게 만든다. 배우와 작가는 더 많은 보상을 받길 원하고, 제작사는 기술을 이용해 효율성을 최대치로 끌어올리기를 바란다. 다만, 그때와 지금의 차이는 AI의 '영향력'이다. AI는 모든 영역에서 인간의 작업을 대체할 만큼 파괴적이다. 발전 속도도 매우 빠르다. 2023년 6월, 유고브가 미국 엔터테인먼트 종사자 515명을 대상으로 조사한 바에 따르면, 현재 수행하는 작업에 AI를 사용하

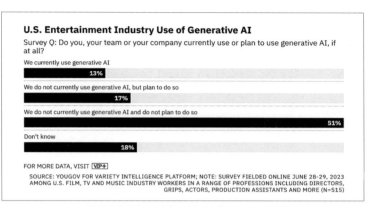

미국 엔터테인먼트 업계의 AI 사용 비율(출처 : 버라이어티)

고 있거나 사용을 계획하고 있는 비율이 약 30%나 됐다. 생성 AI 인 챗GPT가 2022년 11월에 처음 출시됐다는 점을 고려하면, 엄청나게 빠른 속도로 활용 비율이 높아지고 있다. 주어진 명령에 따라 텍스트와 이미지, 비디오를 생산해내는 만큼, AI 프로듀서의 탄생도 어색하지 않게 되었다. 미국 작가 노조와 배우·방송인 노조의 동시 파업은 우리에게도 남의 일만은 아니다.

엔터테인먼트 업계에
AI는 두려움의 대상이다

2023년 7월 6일, 인터넷 테크 뉴스 '기즈모도Gizmodo'의 엔터테인먼트 섹션에 새로운 기자명이 등장했다. 이름은 바로 '기즈모도 봇Gizmodo Bot'. 기즈모도 봇은 스타워즈 영화와 TV 시리즈에 관한 연대기 기사를 작성했다. 그러나 기즈모도 편집장은 이 사실을 전혀 눈치채지 못했다. 이 기사는 기즈모도의 모회사인 G/O 미디어G/O Media 가 생성 AI를 이용해 작성한 것으로 전해졌다.

기즈모도 봇이 작성한 기사의 제목은 '스타워즈 영화와 TV쇼 연대기A Chronological List of Star Wars Movies & TV Shows'다. 빠르게 이 글을 확인한 제임스 위트브룩James Whitbrook 기즈모도의 부편집장은 기사의 여러 부분에서 오류를 발견했다. 스타워즈 TV 시리즈 등의 연도별 순서도 뒤죽박죽이었고, 언급조차 되지 않은 시리즈도 있었다.

'기즈모도 봇'이라는 기자명을 제외하고는 AI가 썼다는 명시도 없었다. 위트브룩은 편집장인 댄 애커먼Dan Ackerman에게 이메일을 보내 열여덟 군데를 수정하겠다고 이야기했다.

AI가 작성한 기사가 게재되자 기자들은 크게 분노했고, 내부망을 통해 비판을 쏟아냈다. 회사의 명성이 훼손됐고 기자들에 대한 존중도 없었다며 이 글을 삭제해야 한다는 의견이 많았다. 제임스 위트브룩은 트윗에서 "누구도 AI 작성 기사의 편집이나 보도에 참여하지 않았다. AI 기사는 기자들을 존중하지 않는 행태이며, 독자들도 기만하는 것"이라고 강조했다.

엔터테인먼트 분야 AI 확산, 두려움도 급증

AI는 엔터테인먼트, 미디어 업계의 깊숙한 곳까지 침투했다. 메타버스, 스트리밍 등 테크놀로지가 콘텐츠 시장에 영향을 끼친 일은 이전에도 종종 있었다. 그러나 생성 AI가 보여주는 양상은 이전과 사뭇 다르다. 가장 큰 차이점은 '기술이 이야기의 객체가 아닌 주체가 됐다'라는 점이다.

기즈모도 사태의 결론은 "AI가 창작자의 조력자를 넘어 스스로 창작자가 되고 있다."라는 것이다. 권력 교체에 두려움을 느끼는 사람들도 많다. 버라이어티의 조사에 의하면, 미국 엔터테인먼트 산업 종사자 중 상당수가 생성 AI 확산에 따른 일자리 감소를 격정했다. 엔터테인먼트 노동자의 1/3 이상이 "AI가 일자리를 빼앗

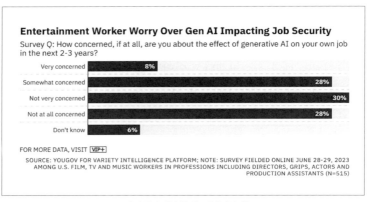

AI와 직업 안정성 (출처 : 버라이어티)

을 것"이라고 생각하고 있었다. 해당 조사에서 AI에 관한 업계 관계자의 인지도는 일반인보다 훨씬 높았다. 조사 대상자의 87%가 챗GPT, 미드저니를 알고 있었고, 전체의 2/3(65%)가 AI 기술에 관해 어느 정도 이해하고 있다고 답했다.

생성 AI로 인한 엔터테인먼트 종사자들의 실직 공포와 함께, 지적 재산권 침해에 관한 전문가들의 우려도 크다. AI의 확산으로 저작권, 상표권, 퍼블리시티권이 침해당할 수 있다는 두려움이 매우 컸다. 일자리 감소, 사이버 보안, 개인 정보 보호 문제도 대두되고 있다. 응답자의 69%는 사람의 목소리, 얼굴 등을 완벽히 복제할 수 있는 AI의 문제점을 지적했다.

그렇다면, AI 활용과 창작물의 품질 사이에는 어떤 관계가 있을까? 엔터테인먼트 종사자 중 절반가량(53%)은 생성 AI의 사용이

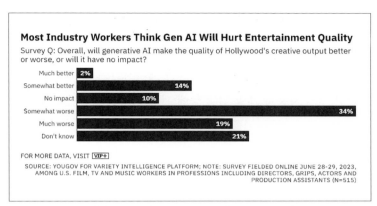

Most Industry Workers Think Gen AI Will Hurt Entertainment Quality

Survey Q: Overall, will generative AI make the quality of Hollywood's creative output better or worse, or will it have no impact?

Much better	2%
Somewhat better	14%
No impact	10%
Somewhat worse	34%
Much worse	19%
Don't know	21%

FOR MORE DATA, VISIT VIP+

SOURCE: YOUGOV FOR VARIETY INTELLIGENCE PLATFORM; NOTE: SURVEY FIELDED ONLINE JUNE 28-29, 2023, AMONG U.S. FILM, TV AND MUSIC WORKERS IN PROFESSIONS INCLUDING DIRECTORS, GRIPS, ACTORS AND PRODUCTION ASSISTANTS (N=515)

AI 활용이 창작물의 품질에 미치는 영향 (출처 : 버라이어티)

엔터테인먼트 산업 창작물의 질을 떨어뜨릴 것이라고 답했고, 품질이 개선될 것이라는 응답은 16%에 불과했다.

창작자와 갈등을 벌이는 AI

AI가 인간의 창작 영역까지 침투하자, 갈등의 골도 깊어지고 있다. 미국 작가 노조, 감독 노조, 배우·방송인 노조 등 제작인 노조는 새로운 근로 계약에 생성 AI의 사용에 관한 규제 방안을 도입하라고 요청하고 있다. 작가들은 제작사가 AI를 이용해 자신들의 작품을 수정하는 것을 반대하고 있다. 감독 노조는 제작자협회와 새로운 계약을 맺고 "AI가 감독의 통상적인 역할을 맡을 수 없으며, 감독의 자문 없이 제작사가 AI를 감독으로 사용할 수 없다."라고 명시했다. 배우·방송인 노조는 배우들의 유사성을 보호하고 과거 작품이 AI 트레이닝에 사용될 때, 배우들에게 보상하라고 요구하고 있다. 일부 할리우드 배우들은 매니지먼트 계약 시 자신과 관련한 AI의 사용과 개발 범위 등에 관한 명확한 규정을 포함시키고 있다.

기술의 빠른 변화 속도를 볼 때, AI의 사용이 제작사와 노조, 제작 단체 간 커다란 분쟁으로 번질 가능성이 크다. 문제는 생성 AI의 능력과 수준을 예측하기 어렵다는 점이다. 전문가들은 적어도 2~3년 안에 엔터테인먼트 영역에서 인간 작업의 상당 부분을 대체할 것으로 전망한다. 이미 영상 편집 등 제작의 많은 영역에서 인간 능력 수준에 도달해 있기도 하다.

엔터테인먼트 종사자들도 같은 생각이었다. 그렇다면 어느 영역이 가장 큰 희생양이 될까? "2~3년 안에 인간을 대체할 AI의 영역은 무엇인가?"라는 질문에 영화·TV·게임 등의 코딩, 스토리보드 개발 등의 영역에서 조만간 인간을 뛰어넘을 것이라는 응답이 절반을 차지했다. 하지만 스토리를 완성하거나, 노래 가사를 쓰거나, 디지털 합성 배우를 출연시키는 일은 다소 시간이 걸릴 것이라는 응답이 많았다. 그러나 신세시아, 런웨이 등 AI 디지털 휴먼 제작 솔루션의 발전 속도가 빠른 만큼, 상황은 언제든 바뀔 수 있다.

SXSW에서 확인한
엔터테인먼트의 미래

매년 4월 미국 텍사스 오스틴에서 열리는 SXSW South by Southwest 는 음악 테크놀로지, 엔터테인먼트, 미디어, 콘텐츠 등의 혁신기술이 소개되는 '올 인원 축제'다. 최근 엔터테인먼트와 테크놀로지가 결합하는 트렌드가 가속화되고 있어 '엔터테인먼트 테크놀로지' 전문 축제로도 알려져 있다.

SXSW는 컨퍼런스, 영화 프리미어, 음악 공연, 각종 현장 페스티벌, 세미나, 명사들의 네트워킹 등이 한꺼번에 이루어진다. 2010년대 중반부터는 정부, 기업, 크리에이터, 교수 등이 모두 참여하는 '글로벌 이슈 이벤트'로 자리 잡았다. 글로벌 시장과 국가가 모두 함께 고민해야 할 주제들이 매년 텍사스에서 다루어진다는 이야기다.

2023년의 SXSW는 인공지능과 크리에이터 이코노미가 지배했다. 엔터테인먼트와 미디어, AI가 만나는 지점을 보여줬고 XR, VR 체험존에서는 메타버스와 AI가 믹스되어 만드는 새로운 세계가 전시됐다. SXSW2023에는 팬과 크리에이터가 직접 만나는 크리에이터 이코노미가 크리에이티브 산업으로 확대되는 현장도 볼 수 있었다. 오스틴 컨벤션 센터 1층에 전시된 크리에이티브 산업 전시장에는 콘텐츠 스타트업, 대기업, 빅테크, 학교, 방송사, 게임회사, 디지털 헬스 기업 등 크리에이티브한 서비스가 다양하게 소개됐다.

SXSW는 이제 콘텐츠와 테크놀로지 전시회를 넘어 '미래'를 다루는 이벤트로 진화하고 있다. 우리가 이 행사를 주목해야 하는 이유다. 텍사스 오스틴에서 퓨처 투데이 인스티튜트가 공개한 엔터테인먼트의 미래를 정리해 전달한다.

AI가 만드는 콘텐츠

영화와 드라마 등 각본 작성에 챗GPT, 드라마트론, 노벨AI, 수도라이트 등의 AI가 적극적으로 사용되고 있다. AI가 창작한 연극이 상연된 적도 있다. AI 각본 작성 툴을 이용하면, 시나리오의 기초를 잡는 데 유용한 것으로도 알려져 있다. 일정 수준까지는 인간의 조력 없이도 다양한 스토리를 만들어낼 수 있다. 특히, 정형화된 다큐멘터리 같은 장르에 적합하다. 촬영 장소나 캐릭터, 플롯 아이디어, 특정한 장면에서의 대화 등을 빠르게 생성할 수 있다. 물론 창의력은 또 다른 문제다.

매시브 인터랙티브 라이브 이벤트

매시브 인터랙티브 라이브 이벤트Massive Interactive live events 는 게임과 TV의 중간 포맷 콘텐츠다. TV 콘텐츠처럼 몇 주에 걸쳐서 이야기가 전개되지만, 이용자들은 라이브 스트리밍 중에 콘텐츠에 참여할 수 있다. 수동적인 시청자에 능동성을 부여하는 것이 목표다. 새로운 경제도 창출해낸다. 젠 릿 Jen lit, 워킹 데드 라스트 마일walking dead last mile 은 15만 명의 시청자를 모으기도 했다.

2020년 12월, 이 분야에서 의미 있는 시도가 있었다. 페이스북 워치에서 〈라이벌 피크rival peak〉라는 콘텐츠가 방송된 것이다. 리얼리티 TV쇼를 모방한 포맷인데, AI 캐릭터들을 미국 퍼시픽 노스웨스트Pacific Northwest 지역(애니메이션 버전)에 배치했다. 사람들은 이 캐릭터들이 곤경에 빠지고 도전하는 과정을 지켜볼 수 있었다. 일종의 서바이벌 게임 드라마의 AI 버전이다. 사람들이 캐릭터의 행동에도 영향을 미칠 수 있었다.

〈라이벌 피크〉는 게임과 리얼리티 TV쇼를 융합한 새로운 콘텐츠 포맷을 보여줬다는 평가를 받았다. 생존 경쟁을 벌이는 12개 캐릭터의 행동과 스토리라인은 시청자들의 참여와 개입에 의해 영향을 받게 된다.

공개 직후, 방송은 물론 게임업계에서도 커다란 관심을 보였던 〈라이벌 피크〉의 핵심 기술은 AI였다. 〈라이벌 피크〉는 기존 모델링된 AI와 실시간으로 이루어지는 시청자들의 참여가 동시에 영향을 미치도록 AI 엔진을 수정했다. AI 기술을 이용해 '보는 게임'이라는 트렌드를 잘 공략했다는 평을 받았다.

협업적 스토리텔링은 소비자들과 크리에이터들 모두에게 새로운 자세를 요구한다. 너무 수동적이거나 지나치게 적극적인 행동이 아닌 양쪽을 적절히 가미한 '하이브리드 행동'이다.

디지털 셀럽

생성 AI가 등장한 이후, 할리우드에서는 디지털 셀럽도 자연스러워졌다. AI를 이용한 모션캡처를 지원하는 원더 다이내믹스의 셰리던과 토도로빅은 SXSW2023 세미나에 참석해 "원더 다이내믹스는 배우들의 이전 영상에서 몸짓과 특징을 추출해 움직이는 새로운 피사체를 만들어낼 수 있다. 이제 무겁고 우스꽝스러운 모션 캡처 복장을 입을 필요가 없다."라고 이야기했다.

앞서 이야기했듯이 유명 TV 프로그램 〈아메리카 갓 탤런트〉나 톰 크루즈의 특징을 담은 딥페이크 영상으로 명성을 얻은 메타피직은 할리우드 유명 연예기획사인 CAA와 전략적 파트너십을 맺고, 메타피직의 AI 디에이징 툴을 영화 〈히어〉에 적용하기로 했다. 메타피직은 CAA와의 파트너십을 시작으로 할리우드와의 협업을 강화할 방침이다.

AI 지원 창작

미국 작가 협회WGA는 AI를 보조 작가로 쓰는 것을 허용했다. 그러나 엔딩 크레딧에 해당 AI를 포함하거나 저작권을 나눠주는 것은 금지다. 챗GPT가 출시된 이후로 AI는 창의적인 작업을 도왔다. 현재, 창의 산업에 영향을 미치는 다양한 AI 도구가 출시되어 있으며, 텍스트뿐만 아니라 사운드, 헤어, 분장 등 여러 영역에 AI가 쓰이고 있다.

AI 생성 보이스

AI 생성 보이스 개발은 두 방향으로 진행된다. 기존 목소리를 만들어내는 것과 새로운 합성 목소리를 창작하는 것. 〈탑 건 매버릭〉에서 발 킬머의 목소리는 소난틱이라는 기업이 만들어낸 합성 보이스다.

AI 보이스 클로닝은 배우들의 실제 음성에 기반한 '합성 목소리'를 자연스럽게 만든다. 기존 오디오나 비디오 텍스트를 활용해 AI 앵커에게 새 노래를 부르게 할 수도 있다. 베리톤 같은 서비스는 영어를 한국어 등 116개 언어로 자연스럽게 번역할 수 있다.

미국 캘리포니아 산타모니카에 있는 플로우리스는 원본 영상 촬영 후 배우들의 입 움직임과 표정을 편집하는 딥페이크 스타일 툴 개발에 집중하고 있다. AI 기술이 적용된 이 툴을 이용하면 인력과 비용이 드는 더빙 작업 없이도 배우들이 다른 나라 언어로 말하는 장면을 자연스럽게 연출할 수 있다. 심의연령에 맞춰 언어 수위도 조절할 수 있다.

더빙을 위한 합성 보이스를 만들어내는 AI 스타트업 페이퍼컵은 어떤 언어로도 콘텐츠를 볼 수 있게 하는 것이 목표다.

창작성에 대한 보호

AI는 저작권을 가지는가? 그렇다면 누구에게 귀속되는가? 미국 저작권법은 기계의 저작권을 인정하지 않지만, 인간의 노력이 상당 부분 투입되었다는 사실을 증명할 수 있다면 AI의 저작권도 인정될 수 있다.

메타피직의 CEO 톰 그레이엄이 만든 AI 생성 이미지가 미국 저작권청의 저작권 등록에 성공했다. 그레이엄은 AI를 이용해 자신의 비디오를 만들었고, 저작권위원회는 이를 저작물로 인정했다. 이로써 그레이엄은 AI로 만든 작품에 대한 저작권을 법적으로 인정받은 첫 번째 인물이 됐다. 이 사건은 빠르게 성장하는 생성 AI와 관련된 저작권 비즈니스에 영향을 줄 수 있다는 점에서 매우 큰 의미가 있다.

AI 저작물에 대한 저작권 인정이 적극적으로 이뤄진다면, '창작

산업'의 판도는 완전히 바뀔 수 있다. 저작권법상 저작물로 인정 받기 위해서는 작품이 창의성을 갖추어야 하고 실질적 유사성에 관한 판단을 내릴 수 있어야 한다.

라이브 무비

베를린에 본사를 둔 '갓 스쿼드God squad'는 관객이 상영되는 영화 의 배역을 맡을 수 있는 인터랙티브한 경험을 만들어냈다. 게스트 가 영화를 만들어내는 것인데, 일종의 '라이브 무비'인 셈이다. LA 에서 활동하는 스타트업 '텐더 클래스Tender Class'는 가상환경에서 디지털 몰입형 모험digital immersive adventures을 만들어낸다. 관객은 버추 얼 등장인물들 사이에서 디지털 세계를 직접 경험할 수 있다.

버추얼 리얼리티 콘서트

가상 공간은 콘서트장으로도 변한다. VR 공연을 보기 위해서는 실제처럼 특정 시간과 날짜에 열리는 공연 티켓을 구매해야 한다. 가상 공연장에 들어가면 비디오를 통해 캡처된 밴드나 가수의 공 연이 등장한다.

VR 콘서트의 장점은 시간과 장소에 구애받지 않고 관객을 끌어 모아 추가 수익을 창출할 수 있다는 점이다. 공연 기회를 잡기 어 려운 소규모 밴드에게는 새로운 관객에 접근할 기회를 만들어줄

수 있다. 하지만 더 확대되기 위해서는 기술이 더 자연스러워야
하고 비용은 더 저렴해져야 한다.

저작권 논란

2022년 콜로라도 아트 페어에서 AI 작품이 상을 받은 일과 잡
지 코스모폴리탄Cosmopolitan이 AI 생성 잡지커버를 게재한 사실이
큰 이슈가 됐다. 이들 사건 이후, AI와 관련한 저작권 문제가 불거
지고 있다. 어떤 기업은 AI와 싸우고, 다른 진영은 AI를 적극적으
로 포용하고 있다.

게티이미지는 AI 기반 생성 플랫폼 스테이빌리티stability를 저작
권 위반으로 고소했다. 또 사진 유통 플랫폼인 셔터스톡은 오픈AI
와 협업해 콘텐츠를 만들고 있다. 월스트리트저널 등 언론사도 AI
가 만든 정보에 대해 저작권 위반 조사에 들어갔다.

경계 없는 엔터테인먼트

방문객이 헤드폰, 헬멧, 센서, 마이크로폰, 트래커 등 자신의 모
든 감각을 측정할 수 있는 기기를 탑재하고 테마파크를 온몸으로
느끼는 트렌드가 현실이 되고 있다. 몰입형 체험이자 집단적 체험
인데, 스티븐 스필버그와 아이맥스도 투자한 기업인 드림스케이
프Dreamscape가 몰입형 관람과 관련한 기술을 제공하고 있다.

드림스케이프의 몰입형 관람 소개 페이지(출처 : dreamscapeimmersive.com)

관람 보조 로봇

로봇들은 오랫동안 테마파크에서 공연 등에 활용됐다. 그러나 AI 시대로 접어들면서 테마파크에서 새로운 용도의 로봇들이 개발되고 있다. 관람객을 돕거나 대신 경험해주는 로봇들이다.

일본의 한 스타트업에서 원격 방문을 도와주는 로봇을 개발했다. 이 로봇은 사용자가 집에서 원격으로 조종할 수 있고 카메라도 갖춰져 있다.

디즈니는 관람 보조 로봇 개발에 한창이다. 디즈니의 관람 보조 로봇은 길을 찾아준다는 의미로 '로버트 셰르파'라는 이름이 붙었다. 이와 관련한 특허도 출원했다. 기본적으로는 움직이는 사물함 시스템이다. 손님들을 따라 공원을 돌아다니며 물건을 보관하는 역할을 한다.

개인 최적화

'개인화된 관람 경험'을 위한 투자가 계속되고 있다. 디즈니는 인기 캐릭터와 구매고객의 상호작용을 위해 노력 중이다. 또, 디즈니랜드 방문 시 음성AI 알렉사와 연동되는 '헤이 디즈니Hey Disney'를 출시했다. 디즈니 호텔 객실에는 디즈니랜드용 알렉사가 설치된다.

고객은 미키마우스 등 인기 디즈니 캐릭터의 목소리로 대화를 나눌 수 있다. 편의시설 소개부터 농담까지 다양한 요청에 대한 처리가 가능하다. AI 비서를 활용하면, 직원 대면 횟수가 줄어드는 효과도 있을 것이다. 디즈니와 유니버설, 두 회사는 웨어러블 기기를 통해 개인 데이터를 받아 '개인 선호도'를 파악할 수 있도록 특허를 출원했다.

몰입 경험

테마파크는 XR 기술 등 물리적인 공간을 가상의 공간으로 확대해 고객들에게 몰입도와 상호 교감도를 높이고 있다. 특히 물리적인 공간과 디지털 공간을 연결해 '고객을 계속 잡아두는 전략'을 쓰고 있다.

매번 다른 경험이 펼쳐지기 때문에 고객들은 계속해서 테마파크에 방문하고 싶은 욕구가 생긴다. 디즈니에 있는 스타워즈 배경

호텔을 방문하면, 모든 공간이 스토리와 어우러진다. 호텔, 레스토랑, 크루즈에서도 이야기가 펼쳐진다. 게스트들은 배우들과 함께 적극적으로 이 시설에 참여하고 시간을 보낸다.

NAB, AI와 미디어의 결합을 보여 주다

2023년에 100주년을 맞은 NAB 쇼National Association of Broadcasters Show 는 미국방송협회가 주관하는 전시회로, 매해 4월에 네바다 라스베이거스 컨벤션 센터에서 열린다. NAB 쇼의 슬로건은 '콘텐츠가 살아나는 곳Where Content Comes to Life '이다.

NAB 쇼가 의미 있는 이유는 거의 유일한 '방송 통신 전문 전시회'이기 때문이다. 수년 전부터 CES, SXSW 등의 전시회에서 방송·미디어·콘텐츠 분야를 늘려왔지만, NAB의 경우에는 미디어·엔터테인먼트·방송기술 관련 세계 최대 행사로 인식되고 있다.

참가자 숫자만큼이나 뜨거운 것은 주제다. 2023년에도 다양한 방송 시장 현안이 현장에서 논의되었는데, 그중에서도 AI, FAST, 버추얼 스튜디오가 핵심 키워드였다.

NAB 2023, AI·FAST·버추얼 스튜디오

AI는 그야말로 NAB를 휩쓸었다. 100년 방송시장을 뒤흔들었다고 해도 과언이 아니다. 참가자들은 AI 확산으로 인한 기대감과 우려를 함께 표출했다. AI 도입으로 개인화된 콘텐츠를 서비스할 수 있다는 점 등은 잠재적인 수익 확대 기회일 수 있지만, 동시에 인간의 일자리를 뺏을 수 있다는 걱정도 많았다. 하지만, 전시장에서 느껴지는 AI에 대한 분위기는 '쿠데타' 보다는 '진화'에 가까웠다. AI를 만나 방송이 한 단계 업그레이드되고 있다는 분위기가 느껴졌다.

AI가 탑재된 가상 스튜디오Virtual Studio 도 NAB 현장에서 화제였다. 많은 방송 장비 업체들이 가상 스튜디오를 메인 상품으로 들고 나왔다. 가상 스튜디오에 AI가 적용될 경우, 그래픽 작업 시간이 상당히 줄어들기 때문에, 촬영 등 사람이 직접 해야 하는 창의적인 영역에 집중할 수 있다. NAB 쇼는 스트리밍 서비스에도 집중했다. FAST 등 스트리밍 관련 세션인 '스트리밍 서밋Streaming Summit'이 이틀 동안 이어졌고, 관련 데모도 다양하게 이뤄졌다.

AI와 방송 미디어의 만남

전 세계 산업을 흔들고 있는 AI와 방송 미디어의 만남도 NAB 쇼 현장에서 확인할 수 있었다. AI는 NAB 세미나장과 전시공간을

NAB 쇼 현장 (출처 : nabshow.com)

가득 메웠다. 전체 컨퍼런스 중 84개 세션이 AI 관련 내용을 다뤘다. 챗GPT와 같은 생성 AI는 사람처럼 말하고 인간처럼 대화하기 때문에 '인간과 교감'하는 방송, 콘텐츠, 엔터테인먼트 미디어에 커다란 영향을 줄 수 있다.

NAB CEO이자 회장인 커티스 르게이트Curtis LeGeyt는 현장 세션에서 "AI는 업계에 장점과 단점이 있다. NAB 쇼가 이를 명백히 보여줄 수 있다."라고 말했다. 그는 "AI 기술이 산업 전반에 매우 빠르게 접목되고 있다. 방송에서도 AI가 현실이 되고 있다."라고 지적했다.

2023년 NAB 쇼에 처음 등장한 아이맥스IMAX도 전시장에서 AI와 관련한 다양한 테크놀로지를 보여주었다. 아이맥스는 2022년 2,100만 달러에 인수한 AI 기반 화질 개선 테크 스타트업 '심웨이브_{SSIMWAVE}'의 초기 기술도 선보였다. 심웨이브는 모바일, TV, 극장 등 다양한 미디어 디바이스에 최적화된 콘텐츠 화질과 시청 경험을 제공하는 기술을 보유하고 있다.

AI 기반 툴은 각각의 플랫폼에 따라 대역폭과 화질을 최적화해 몰입도를 높여줄 뿐만 아니라 투자 비용도 줄여준다. 특히, 모바일 기기에서도 최고의 경험을 제공하기를 원하는 아이맥스 입장에서는 필수적인 기술일 수 있다. 캐나다에 본사를 둔 심웨이브는 멀티 플랫폼에서 비디오 품질과 시청 경험을 최적화하는 기술을 보유하고 있다. 실제 시청 데이터를 기반으로 AI를 적용해 비디오 시청 경험을 자동화했다.

극장용 콘텐츠 시청 포맷인 아이맥스가 NAB 쇼에 참여한 것은 이번이 처음이다. NAB 쇼가 방송 기술 및 장비 전시회이기 때문이다. 그러나 스트리밍 서비스가 대세가 된 이후 아이맥스 역시 모바일과 TV로 진출하고 있다. 멀티 포맷의 선두에 심웨이브가 섰다. 아이맥스는 스트리밍 서비스 상황에서도 비디오 화질이 최적화되는 모습, 방송·스트리밍 콘텐츠 제작에 적용되는 최종 단계 비디오 품질 기술을 선보였다.

크리에이터 이코노미 시대의 최대 수혜자로 알려진 어도비_{Adobe}도 NAB 쇼에 등장했다. 어도비는 NAB 쇼에서 텍스트 기반 AI 편집 솔루션을 소개했다. 프리미어 프로_{Premiere Pro}에는 AI를 이용해 텍스트를 자동 검색하고, 이를 중심으로 영상을 편집하는 기능이 담겼다. 텍스트 스크립트는 AI가 자동으로 영상에서 추출해 제작한다. AI 텍스트 편집 기능을 활용하면 단순 반복 작업을 PC에 맡길 수 있기 때문에, 사람은 더욱 창의적인 업무에 집중할 수 있다. 방송 산업도 AI를 적극적으로 받아들이고 있다. AI 앵커는 물론이고, AI DJ, 작가가 방송 프로그램을 만든다.

현장에 참가한 퓨터리Futuri는 라디오GPT를 런칭했다. '세계 최초 지역 라디오를 위한 생성 AI 콘텐츠 솔루션'이다. GPT-3를 콘텐츠 솔루션에 탑재해 AI가 스토리를 만들고 소셜 콘텐츠 시스템Topic Pulse도 운영한다. 소셜 콘텐츠 시스템은 AI가 알아서 최신 이슈들을 소셜미디어에서 검색해 저장하는 시스템이다. AI 보이스 테크놀로지도 탑재되어 있어서, 사람이 없어도 방송할 수 있다.

퓨터리의 CEO 다니엘 안스탠디그Daniel Anstandig는 NAB 현장 인터뷰에서 "라디오GPT가 일자리를 줄일 것이라고 말하지만 오히려 라디오를 강화해 줄 것"이라고 강조했다. 그는 "라디오GPT가 방송 내용을 외주 방식으로 로컬화 할 수 있는 능력을 제공할 것"이라며 "AI를 탑재하면 누구나 지역 방송을 만들 수 있다."라고 설명했다.

플랫폼 경쟁력이 약해진 라디오가 AI와 만나면 부정적 영향보다는 긍정적 시너지가 생길 가능성이 크다. 라디오에 AI 기술을 접목하면 콘텐츠 생산이나 검색이 상당히 빨라질 수 있다. AI 보이스 제작 기업 베리톤의 션 킹 부사장은 NAB 컨퍼런스 세션에서 "지금 라디오는 아카이브에서 적정한 콘텐츠를 찾는 데에 시간이 많이 든다. 하지만 AI는 이를 단 몇 초 만에 완료할 수 있다"라고 말했다.

킹 부사장은 AI의 긍정적인 이용 사례를 언급했다. AI 음성으로도 알려진 합성 보이스는 갑작스러운 기상 특보 상황 발생 시, 기상 관련 호스트들이 스튜디오로 달려가거나 개별적으로 녹화하지 않아도 콘텐츠를 만들 수 있게 해 준다고 말했다. AI가 평소 앵커의 목소리를 학습해 비슷한 음성을 낼 수 있고, 대량 DB도 보유하고 있기 때문이다. 다른 나라 언어로 번역해 제공할 수도 있다. 라디오의 해외 진출이 쉬워진다는 의미다.

AI가 언론 미디어에 얼마나 영향을 줄 것인지에 관해서도 논의됐다. 관련 세션에서는 "버즈피드, 씨넷, 블룸버그 등 다양한 언론사들이 생성 AI를 접목해 기사를 양산하고 있는데, AI 성능이 더 고도화될 경우에 언론을 완전히 대체할 수 있는지"에 관한 논란이 나왔다. 특히, 콘텐츠 생산 능력이 취약한 로컬 언론은 AI에 지배당할 것이라는 우려다. 토론에는 AP와 아랍계 보도 채널 알자지라의 담당자가 나와 'AI 확산 이후 변화하고 있는 뉴스룸의 현장'을 이야기했다.

콘텐츠는 여전히 왕이다

NAB 전시회에서도 영화와 드라마 콘텐츠가 주목을 받았다. 어느 전시회든 콘텐츠 분야에는 많은 사람이 몰린다. 방송 플랫폼에 집중했던 NAB 쇼가 콘텐츠를 다루는 이유는 결국, '콘텐츠가 왕'

NAB 2023의 〈라스트 오브 어스〉 세션 현장 (출처 : nabshow.com)

이기 때문이다. 방송 플랫폼과 기술은 좋은 콘텐츠를 시청자들에게 전달하기 위해 존재한다.

HBO의 TV 시리즈 〈라스트 오브 어스The Last of US〉의 제작자와 출연진이 참여한 세션, 애플 TV 〈테드 라소〉의 작가이자 배우 브렛 골드스타인Brett Goldstein이 참가한 세션에는 사람들이 가득했다. NAB 쇼 현장에서 가장 큰 공간인 노스홀 메인 스테이지에서 이벤트가 열렸는데, 이들을 보려는 참가자들로 전시장이 꽉 찼다. 특히, 골드스타인을 보려는 사람들은 세션이 시작되기 한 시간 전부터 길게 줄을 섰다.

미국 영화 편집자 협회American Cinema Editors, ACE가 주관한 〈라스트 오브 어스〉 세션은 미국 영상 촬영 기사, 편집 기사, VFX 전문가 등이 모여 콘텐츠를 논의하는 마스터 클래스master class 형태로 진행됐다. 이 세션은 제작, 특수효과 등을 담당한 콘텐츠 기술진들이 모여 당시 제작 에피소드를 전했다. 이 자리에서 〈라스트 오브 어스〉의 총괄 프로듀서 크레이그 마진Craig Mazin 은 시즌2 가능성을 예고해 많은 주목을 받았다.

〈테드 라소〉에서 선수로 출연하는 프로듀서 겸 배우 골드스타인은 작가 애쉴리 리콜 블랙Ashley Nicole Black 과 함께 참가자들의 질문을 받는 자유 토론 세션을 열었다. 골드스타인은 이 세션에서 작가와 배우의 협업이 왜 중요한지를 강조했다. 그는 "드라마 제작 현장에는 세상에서 가장 똑똑한 사람들이 모여 있다. 만약 그들의 아이디어를 받아들이지 않는다면 어리석은 일이다. 모든 사람이 참여하여 의견을 참고하는 과정을 거친다면 100% 더 나은 쇼가 될 것"이라고 강조했다.

방송 기술진들이 새로운 기술을 직접 체험할 수 있는 장소도 마련됐는데, 이 점이 NAB 쇼가 다른 전시회와 구별되는 가장 큰 차이점이기도 하다. 컨벤션센터 웨스트홀West Hall 에 설치된 인텔리전트 콘텐츠 체험존Intelligent Content Experiential Zone 은 신기술을 써보고 경험하고 비교하는 접점이 됐다.

팬데믹 이후는 버추얼 프로덕션

팬데믹 기간에 확산하기 시작한 버추얼 프로덕션은 이제 대세가 됐다. 대형 LED 월이나 블루 스크린을 이용해 가상 공간을 만들었던 버추얼 스튜디오는 언리얼 엔진Unreal Engine이라는 그래픽을 만나면서 훨씬 더 실제처럼 진화했다. NAB 쇼 현장에서는 버추얼 스튜디오 광고를 비롯해 관련 기술로 완성된 작품이 시연되었다. LG, 캐논 등 광학 디스플레이 업체들도 NAB 쇼 현장에 자사의 LED 월이나 버추얼 프로덕션 제품을 전시하고 데모했다.

버추얼 프로덕션 및 스튜디오 전문 업체인 브레인스톰도 현장에 부스를 차리고 관람객들을 불러모았다. 스페인에 본사를 둔 브레인스톰은 1993년에 설립된 대표적인 버추얼 스튜디오 기업이다. 전 세계에서 2,500회 이상의 프로젝트를 진행해왔다. 브레인스톰은 NAB 쇼에서 모든 종류의 콘텐츠를 만들 수 있는 자사의 '버추얼 프로덕션 시어터Virtual Production Theater'를 시연했다. 크로마 세트와 LED 비디오 월을 이용해 AR 및 MR 콘텐츠를 만들어내는 모습을 현장에서 보여주었다.

버추얼 제작 필수 기기로 부상한 로봇팔robotic arms도 NAB에 다수 전시되었다. 오스카상 후보에 두 차례 올랐던 제프 크로넨웨스Jeff Cronenweth 촬영 감독은 〈할리우드리포터〉와의 인터뷰에서 "버추얼 프로덕션은 이야기를 생생하게 전달하게 해줄 수 있는 놀라운 도구지만, 다른 모든 도구와 마찬가지로 적절하게 적용해야 하는 도구"라고 말했다. 그는 현재 NAB에 버추얼 프로덕션의 한 분야인 로봇팔을 개발하는 SISU의 고문으로 일하고 있다.

크로넨웨스는 그의 다음 프로젝트가 디즈니의 〈트론: 아레스Tron: Ares〉가 될 것이라고 밝혔는데, 이 작품 역시 상당 수준의 버추얼 프로덕션 제작이 포함될 것으로 보인다. 그는 인터뷰에서 "우리는 버추얼 제작을 포함하여 가상을 현실로 만드는 데 사용할 수 있는 모든 기술을 쓸 것이다. SISU의 로봇 기술이 중요한 역할을 할 것으로 기대하고 있다."라고 강조했다.

버추얼 스튜디오는 촬영을 위해 특정 장소를 방문해야 하는 비용과 수고를 줄여준다. 블루 스크린보다 현실감이 뛰어나서 모션 캡처 촬영에 적합하다는 평가도 받고 있다. 디즈니+의 인기 SF 드라마 〈만달로리안〉 시즌 1은 버추얼 프로덕션 제작의 시초로 불린다. 이후 2021년에는 〈수어사이드 스쿼드The Suicide Squad〉〈듄Dune〉 등이 버추얼 프로덕션과 모션 캡처를 활용했다.

클라우드는 왜
AI 기업에 주목하는가

구글, 마이크로소프트, 아마존 웹 서비스 등 클라우드 서비스 기업들의 AI 스타트업에 대한 구애가 뜨겁다. 이들 기업은 지분 투자와 함께 안정적인 클라우드 제공도 약속하고 있다.

클라우드 기업들의 AI 투자는 미래에 가장 큰 시장이 될 AI 클라우드 시장 경쟁에서 우위를 점하고, 기업 가치 상승이 예상되는 AI 스타트업을 선점하겠다는 의미가 있다. 특히, 이미지나 비디오 생성 AI 등 대형 클라우드 고객이 이 기업들의 집중 공략 대상이다. 공략이 거세다 보니, AI 시장마저 빅테크의 자본력에 장악당한다는 비난도 나온다.

생성 AI가 엔터테인먼트 산업을 휩쓸고 있는 가운데, 구글이 텍스트-비디오 변환 AI 스타트업 런웨이에 1억 달러를 투자하기로

런웨이의 AI 툴이 사용된 '락 유니버스' 장면 (출처 : 버라이어티)

합의했다고 〈디 인포메이션〉이 보도했다. 런웨이는 2023년 3월에 텍스트-비디오 변환 AI 모델 젠2 Gen-2 를 공개했다.

　런웨이의 AI 변환 툴은 젠2 공개 이전에도 할리우드 영화에 적용된 바 있다. 배우 양자경이 오스카 여우주연상을 받은 영화 〈에브리씽 에브리웨어 올 앳 원스〉에서다. 이 영화의 비주얼 이펙트 아티스트 에반 할렉 Evan Halleck 은 '락 유니버스' 장면에서 런웨이의 편집 툴을 사용했다. 런웨이 AI 툴을 이용해 대형 블루스크린 없이 이미지로부터 배경을 없앤 것이다. 제작도 빨랐고 제작비도 거의 들지 않았다. AI 붐을 타면서 런웨이의 기업 가치는 15억 달러로 높아졌다.

클라우드 기업, AI 투자로 미래 고객 확보

구글의 투자는 기업 가치 때문이기도 하지만, 클라우드 고객을 위한 투자의 의미도 있다. 이미지 생성 AI 기업 등은 클라우드 서비스 공급자의 최대 고객일 수밖에 없다. 현재 런웨이는 아마존 웹 서비스를 이용하고 있는 것으로 알려져 있는데, 향후 구글이 런웨이를 인수할 가능성도 배제할 수 없다. 구글, 마이크로소프트, 아마존 등 클라우드 기업은 AI 스타트업에 투자하면서 자사 클라우드를 사용하는 조건을 연계하는 것으로 알려져 있다.

마이크로소프트가 오픈AI에 100억 달러를 투자한 이유도 AI 고객 확보를 위한 선제공격으로 볼 수 있다. 오픈AI는 챗GPT, 달 E 등을 중심으로 텍스트-이미지 변환, 이미지-비디오 변환 AI 기술 개발에 가장 앞서있는 스타트업이다.

〈디 인포메이션〉은 현지 관계자 인터뷰를 통해 구글이 AI 스타트업에 현금 투자와 현물(구글 클라우드 서비스 이용 권한)을 함께 묶어 제안하고 있다고 보도했다. 구글은 AI 스타트업들에 투자하면서 구글 클라우드를 우선 제공자로 선정하도록 요구하고 있는 것으로 알려졌다. AI 기업들이 자사 클라우드를 계속 사용하면, 투자 이상의 이득을 얻을 수도 있기 때문이다. 구글 클라우드는 런웨이 투자에 앞서 텍스트-이미지 변환 AI 스타트업 미드저니, 챗봇 앱 캐릭터 AI Character AI 와도 거래 관계를 맺었다.

한편, 런웨이는 2018년 뉴욕대학교NYU 인터랙티브 텔레커뮤니케이션 프로그램 졸업생들_{Cristobal Valenzuela, Anastasis Germanidis, Alejandro} Matamala-Ortiz들이 창업했다. AI 기술을 이용해 텍스트나 이미지를 손쉽게 비디오로 전환하는 서비스 제공이 목표다. 사용자가 설명을 입력하면 오리지널 이미지의 백그라운드나 피사체를 없애거나 변형시켜 새로운 합성 이미지, 영상을 만들어내는 서비스도 제공한다. 변환에는 텍스트 이미지 변환 AI 오픈 솔루션인 스테이블 디퓨전의 기술을 활용한다.

런웨이의 최종 목표는 크리에이터들이 직접 생성 툴을 이용해 자신만의 영상 작품을 처음부터 끝까지 만들어내게 하는 것이다. 아직 초기 단계지만 런웨이의 젠2는 프롬프트 텍스트의 명령에 따라 비디오 영상을 생성해낼 수 있다.

3

엔터와 테크의 결합, 오래된 미래

디즈니 100년, 테크놀로지와 스토리텔링의 결합

스토리가 담긴 콘텐츠는 사람들을 몰입하게 만들고 열광하게 만든다. 여기에 테크놀로지가 결합하면, 수용자에게 더 큰 몰입감을 주고, 더 많은 사람을 기쁘게 할 수 있다. 테크놀로지와 콘텐츠 결합의 최전선에 있는 기업은 바로 디즈니 Disney 다.

1923년에 설립된 디즈니는 1955년에 테마파크인 디즈니랜드 Disneyland 를 만들었다. 이후 약 70년 동안 디즈니랜드는 전 세계 수많은 사람에게 기쁨을 전달했다. 디즈니의 어마어마한 스토리를 어트랙션이나 놀이기구로 구현해 팬들에게 잊을 수 없는 환상적인 경험을 제공했고, 테마파크·호텔·크루즈·어드벤처를 넘나들며 순간순간을 평생의 소중한 추억으로 남게 하는 마법의 장소가 되었다.

스토리에 기술을 결합한 100년 기업 디즈니 (출처 : 디즈니)

100년 스타트업이었던 디즈니, 스토리에 기술을 입히다

　상상의 공간을 현실로 만든 디즈니는 세계 최대 엔터테인먼트 테크놀로지 축제인 SXSW에 가장 잘 어울리는 기업이다. 콘텐츠와 혁신, 도전과 실패, 경험과 테크놀로지 그리고 사람을 다루는 이 행사가 원하는 모든 것을 구현한 기업이기 때문이다. SXSW 2023의 'Creating Happiness: The Art & Science of Disney Parks Storytelling' 컨퍼런스는 '디즈니의 과거와 현재, 그리고 미래'를 파악하기에 최적의 행사였다.

　강연은 디즈니 파크 사업부 대표 조시 다마로 Josh D'Amaro 가 진행했다. 그는 현장에서 디즈니의 역사, 어떻게 손님들을 매혹시키고 기억에 남을 경험을 선사하는지에 관해 자세히 설명했다. 특히, 디즈니가 더 좋은 세상을 만들기 위해 어떠한 창의적 노력을 기울이는지에 대해 상세히 전했다.

다마로는 "테크놀로지가 지배하는 SXSW에 디즈니가 왜 왔을까?"라는 말로 연설을 시작했다. 그가 제시한 답은 "디즈니 역시 100년 전 차고에서 탄생한 스타트업이었다."라는 것이다. 다마로 대표는 "100년 전인 1923년, 월트 디즈니가 캔자스시티의 집을 떠나 LA의 나무 차고로 이전해 스타트업 비즈니스를 시작했다. 동생인 로이 디즈니와 함께 디즈니 카툰 스튜디오를 열었고, 이후 디즈니 스튜디오가 됐다."라고 설명했다.

디즈니도 처음부터 성공 가도를 달린 것은 아니었다. 몇 년의 실패 끝에, 1928년에 최초의 디즈니 유성 애니메이션 '증기선 윌리'가 탄생했다. 월트 디즈니는 혁명가였고 늘 내일을 생각했다. '증기선 윌리'는 휘파람 소리가 담긴 디즈니의 첫 유성 애니메이션으로, 디즈니가 오늘날 캐릭터 왕국으로 발돋움하는 데 결정적인 역할을 했다.

월트 디즈니는 자신이 만든 캐릭터 '오즈월드 럭키 래빗 Oswald the Lucky Rabbit'의 판권을 유니버설에 빼앗긴 뒤, 미키마우스 캐릭터를 만들어 재기를 꿈꾼다. 미키가 등장하는 첫 번째 애니메이션은 '정신 나간 비행기 Plane crazy'라는 제목의 작품이었는데, 큰 인기를 끌지는 못했다. 두 번째 작품인 '질주하는 가우초 The Gallopin' Gaucho' 역시 대중의 주목을 받는 데 실패했다. 그러나 월트는 마지막 남

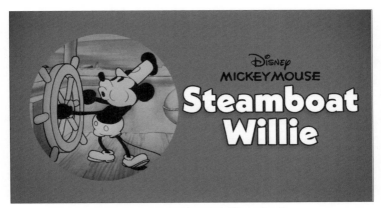

최초의 유성 애니메이션 '증기선 월리'(출처 : 디즈니)

은 돈으로 작품을 만들기 시작했고, 새로운 스토리와 테크놀로지를 고민했다. 작품 제작 도중, 월트는 할리우드 최초 유성영화였던 '재즈 싱어 The Jazz Singer'의 시사회에 초대받고 무성영화 시대가 끝났음을 직감한다.

이후 월트는 제작 중이던 '증기선 월리'을 무성이 아닌 유성으로 만들기로 결심한다. 그러나 무성영화가 영사기로 초당 18프레임을 투사하는 데 반해, 제대로 된 발성이 담긴 유성영화를 만들기 위해서는 초당 24프레임이 필요했다. 이에 월트는 당시로는 엄청난 돈인 1만 달러가 넘는 제작비를 투자한다. 이렇게 탄생한 애니메이션이 '증기선 월리'다. 배경음과 효과음을 영상과 함께 들려주는 방식이 아닌, 캐릭터의 입 모양에 음성을 맞추는 방식의 유성영화였다.

1928년 11월 18일, 콜로니 극장에서 첫선을 보인 '증기선 윌리'는 관중의 열광적인 환호를 받는다. 다음날 〈버라이어티〉 〈뉴욕타임스〉 등은 이 작품을 유성 애니메이션의 시초로 명명한다.

3대 키워드: 스토리텔링, 크리에이티브, 이노베이션

다마로 대표는 스타트업으로 시작한 디즈니의 3개 핵심 축을 소개했다. 이 요소들을 토대로 고객들에게 행복을 주기 위해 디즈니가 존재한다고 설명했다. 특히, 모든 고객이 저마다 서로 다른 행복감을 느낄 수 있도록 노력한다는 점을 강조했다. 다마로 대표는 "행복은 모두에게 다르다. 가족에게는 자녀의 졸업식이 끝나고 디즈니랜드에 간 날, 젊은 연인에게는 디즈니랜드에서 본 불꽃놀이가 그들 인생에 기억으로 남는 이벤트일 수 있다. 디즈니는 고객들에게 행복을 주기 위해 최선을 다한다. 그 최선에는 스토리가 있다."라고 강조했다.

디즈니가 스토리와 함께 행복의 핵심 요소로 꼽은 것은 음악과 음식이다. 음식은 이야기를 풍성하게 만든다. 테마파크에서 좋아하는 이들과 함께 먹은 음식은 기억을 증폭시킨다. 테마파크에서 배경 음악과 효과음을 방송하고, 주제를 담은 식당과 음식을 제공하는 것이 이런 이유다.

디즈니는 새로운 음식 개발에 많은 돈을 쓴다. 디즈니랜드에서 판매하는 츄러스는 열두 가지 맛이 있다. '앤트맨'이 먹는 대형 츄러스도 즐길 수 있다.

음악도 빠질 수 없다. 최근 디즈니는 디즈니랜드에 어울리는 '뮤직 에코 시스템'을 구현 중이다. 디즈니랜드 스타워즈 존(갤럭시 엣지)에서 들을 수 있는 팔콘, X윙의 비행기 소음이 대표적이다. 음악은 몰입도를 높인다. 존 윌리엄스가 작곡한 스타워즈 음악을 디즈니랜드에서 듣는 순간, 고객들은 이미 스타워즈 속에 있다. 음악은 스타워즈를 경험하기 위한 핵심 파트인 셈이다. 다마로 대표는 개인적인 에피소드를 공개하며 "스타워즈가 아버지와 함께 본 첫 영화여서 '갤럭시 엣지'를 처음 봤을 때 눈물을 흘릴 뻔했다."라고 말했다.

또 다른 자극제는 테마 상품이다. 스타워즈의 대표 무기는 라이트세이버 Lightsaber 다. 라이트세이버에도 많은 엔터테인먼트 테크놀로지가 탑재되어 있다.

테크놀로지는 사람으로부터 나온다

결국, 이 모든 것을 가능하게 만든 것은 사람이다. 디즈니의 모든 어트랙션과 상품, 음식 등에는 이매지너스 imaginers 라고 불리는 테크니션들의 호기심이 녹아있다. 디즈니의 엔터테인먼트 테크놀로지 기업 '월트 디즈니 이매지니어링'에서 근무하는 엔지니어와 프로듀서들이다. 이들이 라이프세이버의 소리를 만들고 스파이더맨이 하늘을 나는 기술을 만든다. 이매지니어링의 사훈은 '불가능

SXSW2023 현장에 등장한 라이트세이버 (출처 : 디즈니파크 인스타그림)

을 가능하게 한다'이다. 디즈니는 상상을 상품으로 만든다.

SXSW2023 행사장에 등장한 레즐리 에반스 Leslie Evans 이매지니 어링 수석연구원은 엔터테인먼트가 기술을 만나 현재가 되는 순간을 소개했다.

에반스는 '상상'을 '상품'으로 구현하는 것이 그들의 R&D의 핵심이라고 전했다. 에반스는 "모든 부품이 직접 연구하고 수제로 만들어진 것"이라며 "최종 제품이 나오기 전에 100개가 넘는 프로토타입 제품을 만든다."라고 강조했다. 에반스는 "이는 매우 어려운 작업이다. 아무도 실제로 라이트세이버를 본 적이 없기 때문이다."라고 설명했다.

AI, 디즈니 캐릭터에 생명력을 불어넣다

AI에 기반한 캐릭터도 SXSW2023 디즈니 행사에 등장했다. 캐릭터에도 테크놀로지가 숨겨져 있음은 물론이다. AI는 디즈니 캐릭터를 더욱 실체화하고, 고객들과의 연결성도 강화한다. 디즈니는 테크놀로지를 이용해 캐릭터에 생명력을 부여한다.

다마로 대표는 강연장에 AI가 탑재된 요정 '팅커벨'을 들고 나왔다. 대화형 AI는 팅커벨에 실제로 대화하는 능력을 부여했다. AI와 만난 팅커벨은 우리가 동화와 애니메이션에서 상상했던 시크한 매력을 그대로 가졌다. 요정은 개발자의 질문에 답하고 자기 생각을 청중들에게 말했다. 팅커벨과 대화하는 순간이 이 강연의 절정이었다. 관객들은 이 장면 하나로 디즈니의 엔터테인먼트 테크놀로지와 그들이 추구하는 행복의 방향을 알 수 있었다.

팅커벨은 진행자의 질문에 친구처럼 답했다. SXSW에 처음 방문했느냐는 질문에 "나는 어디에도 간 적이 없다. 그런데 진짜 날아가고 싶었다. 오늘 아침에는 피터팬과 함께 보물찾기에 나섰는데, 피터팬이 웬디와 함께 와서 약간 지루했다."라고 대답했다. 소설 속 피터팬, 웬디, 팅커벨의 관계를 정확히 알고 답한 것이다. 왜 항상 녹색 옷을 입느냐는 물음에도 응답했다. 팅커벨의 답은 사람처럼 단순했다. "몰라. 그냥 녹색을 좋아해서 입어."

캐릭터 개발자들은 자연에서 영감을 얻고 있다. 캐릭터에 의심의 시선을 보내는 고객들까지 만족시키는 것이 그들의 목표다.

디즈니는 창사 이후 캐릭터와 상호 교감하는 방법을 꾸준히 연구해왔다. 고객들이 디즈니의 캐릭터와 스토리에 더 몰입해 행복을 느끼게 하기 위해서다. 그때마다 캐릭터에 최신 테크놀로지를 적용했다. 조시 다마로는 "우리는 인터랙티브 거울을 2006년에 개발했다. 미키의 마술 거울인데, 이 제품은 디즈니랜드 호텔 펜트하우스에 설치됐다."라고 설명했다.

디즈니는 고객을 더 잘 이해하는 캐릭터를 만들기 위해 새로운 방식의 기술을 고민했다. 대면 접촉이 불가능했던 팬데믹 기간에는 디즈니 캐릭터와 고객과의 온라인 교감을 높이는 데 집중했다. 2020년부터 디즈니는 AI를 캐릭터에 본격적으로 탑재하기 시작했다. AI와 만난 캐릭터는 고객과 교감하는 새로운 마법을 가능하게 했다. 다마로 대표는 "나의 희망은 진짜 마법 같은 느낌이 들고, 고객들이 전에 보지 못했던 방식으로 놀라는 감정을 느끼는 것"이라고 설명했다.

캐릭터에 사람을 입히는 디즈니

실제 같은 캐릭터를 만들기 위한 하드웨어 테크놀로지도 디즈니의 강점이다. 디즈니는 캐릭터가 고객들의 테마파크 경험의 핵심이라고 보고 있다. 그래서 고객들과 상호교감하는 실제적인 캐릭터를 구현하는 하드웨어 기술 개발에 집중하고 있다. 특히, 공연 로봇의 관절 유연성은 가장 신경 쓰는 요소 중 하나다.

이매지니어링 개발자 조나단 베커와 마이클 일라드가 SWSX 현장에서 소개한 '캐릭터 테크놀로지'는 놀라웠다. 디즈니는 하늘에서 공중 곡예를 벌이는 로봇과 하늘에서 갑자기 떨어지는 자이로드롭의 유연성을 화면으로 보여준 뒤, 소녀 모습을 한 휴머노이드 로봇을 선보였다. 롤러스케이트를 탄 로봇은 인간에 가까운 유연성을 보여줬다. 사람처럼 앉아있기도 하고 이매지녀들의 목마를 타기도 할 정도로 다리가 자연스러웠다.

사람들이 벌이는 퍼포먼스를 도와주는 외골격 로봇 엑소스켈레톤exoskeleton도 공개됐다. 헐크처럼 생긴 이 로봇은 공연자들의 몸에 해방감을 줄 수 있다. 무거운 소품을 들 수도 있고, 영화에서처럼 힘센 히어로가 될 수도 있다. 공연자들이 입는 의상에 공기를 주입해 목이나 어깨, 다리 등 관절 부위의 움직임에 자유를 줄 수 있다.

아이 러브 디즈니랜드

기술이 중요하지만, 디즈니의 중심은 사람이다. 결국, 사람이 디즈니의 스토리텔링 매력을 완성한다. 캐스트 멤버Cast Member들은 방문객과 눈을 마주치고 교감하며 새로운 경험을 만들어낸다. 다마로 대표는 "우리의 가장 강력한 무기는 스토리텔러"라고 강조했다. 물론 캐스트 멤버들이 교감하는 방식은 테크놀로지와 함께 진화한다.

디즈니는 플로리다 매직 킹덤 파크 등에 가족과 어린이 고객을 위한 '위시 라운지Wish Lounge'를 운영하고 있다. 누군가를 기다리기도 하고, 잠시 쉬거나 사고가 생겼을 때 응급조치도 받을 수 있는 곳이다. 이 공간에는 고객의 목소리를 들을 수 있는 '게스트 북'도 비치되어 있다. 다마로 대표는 "우연히 게스트 북을 봤는데 '나는 디즈니가 너무 좋다'는 어린이의 목소리를 들을 수 있었다"며 감격해했다.

월트 디즈니의 미래는 여전히 진화 중이다. 1971년, 디즈니는 이매지니어링과 함께 '미래 세대를 위한 공간'을 고민했다. 이에 마케팅 전문가, 아티스트, 엔지니어, 인류학자 등 모두의 지혜가 합쳐 '미래의 희망'을 담은 장소를 구현하고자 했다. 월트 디즈니의 생각은 1982년에 플로리다 올랜도 디즈니월드 엡콧EPCOT에 구현됐다. 엡콧의 중심에 있는 커다란 구체는 사이언스, 아트, 비즈니스, 혁신, 대화가 모두 구현된 미래를 의미한다.

다마로 대표는 월트 디즈니의 말을 빌려 SXSW 강연을 마무리했다. "추구할 열정이 있다면, 모든 꿈은 현실이 된다All our dreams can come true, if we have the courage to pursue them."

디즈니 테마파크의 목표는 해피 플레이스

100년 동안 디즈니는 고객들의 '행복'을 강화하기 위해 노력해왔다. 월트 디즈니는 LA 애너하임에 디즈니랜드를 오픈할 때도 그

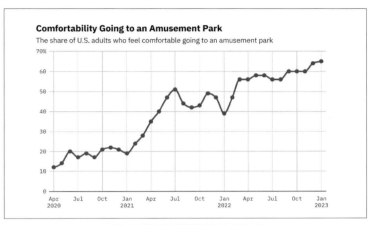

Comfortability Going to an Amusement Park
The share of U.S. adults who feel comfortable going to an amusement park

테마파크 방문 의사 변화(출처 : 버라이어티)

곳을 '행복한 장소Happy Place'라고 불렀다.

글로벌 1위 엔터테인먼트 테크놀로지 기업 디즈니의 행복을 위해서도 테마파크는 매우 소중하다. 테마파크는 디즈니 전체 매출의 1/3을 차지하는 사업이며, 디즈니의 열정과 역량이 모두 담긴 장소이기도 하다. 디즈니의 이야기, 예술, 테크놀로지, 캐스트, 열정이 테마파크에 담겨있다.

디즈니는 LA 등 미국과 글로벌 지역에서 12개 테마파크를 운영하고 있다. 여기에 50개의 호텔과 크루즈도 운영하고 있다. 근무하는 직원만 17만 명이나 되는, 하나의 도시 규모를 형성하고 있다.

디즈니 테마파크도 코로나 팬데믹 당시 매우 어려운 시기를 보냈다. 팬데믹이 끝난 지금은 서서히 매출이 살아나고 있다. 2022년 4분기 디즈니 파크 부문 매출은 87억 달러로, 전년 대비 21%

나 상승했다. 분기 영업 이익도 25% 상승한 31억 달러였다.

2023년 이후부터는 더 긍정적이다. 고객들의 방문 욕구가 더 강해지고 있고, 경기 불황이 이어지고 있음에도 매출이 계속 높아지고 있기 때문이다. 이에 디즈니는 스타워즈 등을 중심으로 한 '테마파크 생태계'를 더욱 강화하고 있다. 2019년, 디즈니는 '스타 갤럭시 엣지Galaxy's Edge' 공사에만 6억 달러를 투입했다. 단순한 콘텐츠 회사와 디즈니의 차이점이 바로 여기에 있다.

AI 도입을 서두르는
소셜미디어 서비스

생성 AI가 전 세계를 휩쓸고 있는 가운데, 틱톡, 스냅, 유튜브 등 동영상 소셜미디어 서비스들도 AI 대열에 합류하고 있다. 대화하는 챗봇에 AI를 도입해 이용자들의 몰입감을 높이는 방식이다. AI가 탑재된 챗봇은 사용자의 의도를 더 정확히 파악해 대화 집중도를 높일 수 있다.

그러나 AI는 소셜미디어 서비스에 위협이기도 하다. 그동안 소셜미디어를 이용해 네트워킹하고 정보를 교류했던 사용자들이 소셜미디어를 떠나 AI 챗봇으로 넘어가고 있기 때문이다. 광고, 검색 등의 비즈니스도 타격을 입을 수밖에 없다. 이에 소셜미디어들은 떠나가는 사용자들을 붙잡아두기 위해 AI를 적극적으로 도입하고 있다.

틱톡, GPT 기반 챗봇 타코 도입

글로벌 1위 숏폼 동영상 플랫폼인 틱톡도 생성 AI 대열에 합류했다. 2023년 5월 25일, 블룸버그는 틱톡이 타코Tako 라는 이름의 AI 챗봇을 테스트하고 있다고 보도했다. 앱 사용자의 질문에 답할 수 있고, 대화도 가능한 챗봇이다. 틱톡은 이전에도 텍스트-이미지 변환 AI를 콘텐츠 제작을 위해 사용하고 있었는데, 거기에 더해 기능적인 측면에 AI를 도입한 것이다.

블룸버그에 따르면, 이 챗봇을 틱톡 디스커버리 등 검색 기능 강화에 활용할 계획이다. 틱톡의 대변인은 블룸버그와의 통화에서 "틱톡 커뮤니티에 가치를 더하기 위해 새로운 기술을 도입했다. 이 기능이 틱톡을 더 즐겁고 안전하고 창의성 넘치는 공간으로 만들어주기를 원한다."라고 말했다.

오픈 AI가 챗GPT를 내놓은 이후 소셜미디어 서비스 기업들은 위기에 직면했다. 그동안 소셜미디어에서 질문과 대화를 하던 사람들이 챗GPT와 이야기하기 시작했기 때문이다. 이에 소셜미디어 기업들은 일제히 생성 AI 챗봇 제품을 내놓고 있다.

현재까지 알려진 바에 따르면, 타코는 틱톡 앱 스크린 오른쪽 상단에 작은 고스트 모양의 아이콘으로 설치될 것으로 보인다. 이 아이콘을 클릭하면, 사용자가 즉석 대화에 참여할 수 있고, AI와 대화하면서 궁금한 점을 물어볼 수 있다. 블룸버그는 타코 AI가 사용자들의 평소 관심을 바탕으로 틱톡 콘텐츠를 추천해주는 기능도 가지고 있다고 보도했다. 개발에는 내부 팀이 아닌 외부 협력사가 참여했고, 18세 이하는 사용할 수 없는 것으로 알려졌다.

틱톡은 AI 챗봇 사용으로 인한 개인 정보 유출을 우려해 '정보 삭제' 기능을 도입할 것으로 알려졌다. 특히, 법률·금융·의료 등 민감한 내용에 대해서는 안전장치를 마련할 계획이다. AI가 잘못된 정보를 생성했을 때 일어날 수 있는 법적·사회적 문제를 피하기 위해서다. 하지만 틱톡은 사용자들의 AI 대화를 분석해 더 개인화된 정보를 얻을 수 있을 것으로 보인다. 이 정보는 광고 수주나 협찬, 마케팅에 사용될 수 있다.

스냅도 AI 챗봇 도입

2023년 5월 초, 틱톡에 앞서 동영상 공유 플랫폼 스냅 Snap도 광고주 설명회에서 챗GPT를 접목한 '마이 AI My AI' 스폰서 링크를 테스트하고 있다고 밝혔다. 마이 AI는 이용자들이 친구처럼 대화하고 소통할 수 있는 챗봇 플랫폼이다. 음식 재료를 카메라로 찍어 사진을 공유하면, 해당 재료를 이용해 만들 수 있는 음식까지 추천한다.

MY AI 관련 설명회에서 스냅의 CEO 에반 스피겔 Evan Spiegel은 "아직 손 볼 부분이 많지만, 마이 AI의 정확도와 적절성은 99% 이상이다."라고 말했다.

스냅의 2023년 1분기 기준 일간 활성 이용자는 3억8,300만 명에 달한다. 광고주들이 마이 AI를 이용해 자기 브랜드나 제품을 맞춤형으로 홍보할 수도 있을 것으로 보인다. 마이 AI가 지도와 연동된 AR 렌즈를 추천하고, 스냅에서 독특한 생성 이미지를 공급할 수도 있다.

유튜브, 광고 몰입도 제고에 AI 활용

유튜브도 AI를 적극적으로 받아들이고 있다. 유튜브의 닐 모한 CEO는 광고주 설명회에서 "세계는 AI를 넥스트 플랫폼으로 실험 중이다. 구글은 단지 AI로의 전환을 준비하는 것이 아니라 테크놀로지와 혁신이 담긴 전환에 대비하고 있다."라고 설명했다. 일단은 AI를 이용해 광고나 캠페인에 대한 몰입도를 높이는 것이 목표다. 모한 CEO는 "우리 팀들은 광고를 최적화된 시용자들에게 전달하기 위해 AI를 이용하고 있다. 사용자들이 어떤 콘텐츠를 시청하건, 연관 광고를 제공해 시청률을 높이기 위해 AI를 사용한다."라고 설명했다.

광고에 AI를 접목하려는 시도는 유튜브가 처음이 아니다. 그러나 생성 AI가 등장하는 등 기술이 급격히 발달하고 저변이 확대되면서 AI와 광고의 만남이 새로운 단계에 돌입하고 있다. 전에 없던 이미지를 만들어내고, 광고주가 원하는 대상에게 메시지가 정확히 전달되기 시작했다.

그러나 유튜브와 광고, AI의 만남은 이제 시작이다. 모한 CEO

는 "AI를 활용한 광고는 이제 시작 단계다. AI는 비디오 제작 방식을 개선할 수 있다. 버튼 하나만 클릭하면 바로 머리 색이나 배경도 바꿀 수 있다."라고 전했다.

이밖에 메타도 2023년 5월 초에 페이스북이나 인스타그램 광고를 만드는 데 도움을 받을 수 있는 생성 AI 광고 툴을 내놨다. 앞으로도 소셜미디어 플랫폼은 AI와 경쟁하면서 협력하는 관계를 이어갈 수밖에 없을 것으로 보인다.

AI와 뉴스룸의 결합,
새로운 미래를 꿈꾸다

챗GPT의 개발사 오픈AI가 2023년 7월 18일 미국 저널리즘 프로
젝트AJP와 '미국 지역 언론사들의 AI 활용 실험'을 위한 자금 지원
등을 포함한 2년 계약을 맺었다. 이번 협업은 주어진 명령에 따라
텍스트, 이미지, 비디오를 만들어내는 생성 AI가 언론 미디어 시
장을 위협하는 가운데 나온 결과물이어서 많은 주목을 받고 있다.
AJP는 2018년 비영리 및 지역 뉴스 미디어의 생존과 비즈니스 모
델을 돕기 위해 만들어진 기구다.

　악시오스는 "이번 2년 계약은 저널리즘 기업과 협력을 원하는
오픈AI의 노력 중 일부"라고 지적했다. 생성 AI는 뉴스 미디어가
존재해야 원천 소스를 얻을 수 있는 만큼, 뉴스 미디어와의 관계
개선은 필수적인 상황이다. 특히, 수익 기반이 취약한 로컬 언론

의 경우 AI가 만들어내는 생산물에 더 큰 위협을 받을 수밖에 없다.

이번 협약의 일환으로 오픈AI는 AJP를 통해 500만 달러의 '로컬 뉴스 이니셔티브local news initiatives' 펀드를 조성한다. 이 자금으로 비영리, 로컬 뉴스 미디어의 운영을 지원하고 뉴스 콘텐츠 개발 등 다른 지원도 고려 중이다. AJP는 소속 41개 기관 중 10곳을 선정해 이 기금을 분배할 계획이다. 선정된 뉴스 미디어는 뉴스룸과 영업 부서에서 AI를 활용해 콘텐츠를 만들고 수익을 내는 방법을 실험한다. 그리고 그 결과는 AJP를 통해 다른 뉴스 미디어에 공유된다.

AJP, AI 뉴스 스튜디오 추진

AJP의 CEO인 사라베스 베르만Sarabeth Berman은 "지금은 AJP 내에 오픈AI의 기술을 실험하는 지역 뉴스 매체를 돕는 신규 제품 스튜디오new product studio를 만드는 데에도 지원될 것"이라고 말했다. 일종의 AI 뉴스 스튜디오인 이 제품 스튜디오는 3명의 AJP 직원이 상주하게 된다. 이 스튜디오는 오픈AI와 같은 외부 파트너와의 협업을 통해 실제 뉴스룸에서 작동하는 최적의 모델을 찾고 피드백을 공유하는 '일종의 중앙 허브' 역할을 하게 된다.

오픈AI는 500만 달러의 펀딩과 별도로 AJP 포트폴리오 기업들이 테크 제품을 구입할 때 쓸 수 있는 500만 달러 상당의 크레딧도 지급한다. 크레딧을 받은 미국 지역 뉴스 미디어들은 전체 뉴스 조직에 걸쳐 AI 기술을 적용하는 방식을 실험하게 된다. 인터넷과 소셜미디어 시대, 포털과 빅테크로 인해 자신들의 비즈니스 모델이 무너지는 경험을 한 미국 지역 미디어들이 AI에 많은 기대를 하고 있다.

베르만 CEO는 인터뷰에서 "이 파트너십은 우리 산업이 혁신적인 순간에 진입했음을 보여준다. 우리는 지역 저널리즘을 강화하기 위해 이 새로운 기술을 어떻게 활용해야 하는지 알 필요가 있다."라고 설명했다. 오픈AI뿐만 아니라 구글 등 AI 테크놀로지를 개발한 다른 기업들도 2023년 초부터 뉴스 미디어들과 콘텐츠 저작권, 보상 문제 등을 협의한 것으로 알려졌다. AJP는 AI 뉴스 스튜디오가 다른 생성 AI 기술과 연동될 수 있는 플랫폼도 구축할 것으로 알려졌다.

AI와 뉴스룸의 동거

그러나 일정 기간이 지나면 AI 기업들이 뉴스에 대한 지원을 중단할 것이라는 우려도 있다. 악시오스는 사업 초기에 뉴스 미디어 콘텐츠에 상당 기간 의존했던 페이스북(메타)이 뉴스의 영향력을 넘어서는 시점에 지원을 끊은 바 있다고 지적했다. 월스트리트저널은 2022년 메타의 미디어 담당 부사장 캠벨 브라운Campbell Brown이 뉴스 미디어에 대한 지원을 중단한 이후 직원들에게 "이제 협업의 무게 중심을 뉴스에서 크리에이티브 이코노미 콘텐츠로 옮겨야 한다."라고 말했다고 보도했다. 지난 2019년, 페이스북은 트래픽을 높이기 위한 수단으로 뉴스에 투자를 결정하고 기자들을 고용하기도 했다. 당시 메타가 미국 언론에 투자한 지금만 1억 500만 달러 가까이 되는 것으로 알려졌다.

오픈AI는 규제 당국과 미디어들이 저작권 문제, 오남용 정보 등 AI 확산으로 인한 문제점을 지적하고 있는 상황에서 뉴스 미디어와 좋은 관계를 가지는 것이 매우 중요하다. 오픈AI의 CEO인 샘 알트만도 의회 청문회에서 낮은 자세로 'AI에 대한 규제'를 만들어달라고 말하기도 했다. 사실 메타나 구글과 달리 AI는 모든 산업에 적용할 수 있는 요소 기술이기 때문에 미디어와의 협업에서 시너지가 날 수도 있다.

오픈AI는 미디어들과 잇달아 파트너십을 맺고 있다. 2023년 7월 14일, 통신사 AP는 오픈AI와 뉴스 콘텐츠 접근을 허용하는 2년 계약을 맺었다. 새로운 뉴스 상품 실험에 오픈AI 기술을 이용하는 계약인 것으로 알려졌다. 오픈AI는 AP와의 파트너십으로 1985년 이후 AP 텍스트 기사의 활용 권리를 확보했다. AP 역시, 새로운 뉴스 콘텐츠 개발을 위해 오픈AI의 전문가들과 협업할 수 있게 되었다.

오픈AI와 AP의 협약은 '생성 AI 시대 저널리즘의 방향'을 정할 수 있다는 점에서 상당히 중요하다. AJP와 달리 AP는 글로벌 시장을 커버하는 메이저 언론사다. AP는 뉴스 기사에 로봇 자동화 기

악시오스 행사에 참석한 뉴욕타임스 CEO '매러디스 코빗 레비엔' (출처 : axios.com)

술을 초기에 도입한 뉴스 미디어다. 2010년대 초반, AP는 기업 실적 보도나 지역 스포츠 경기 보도를 위해 뉴스 자동화 알고리즘을 사용한 바 있다. 이후 AP는 뉴스 자동화 기술을 뉴스 수집이나 외국어 번역 등 제작 과정에 도입하기도 했다.

AI 시대, 기자가 있어야 할 곳은 '현장'

AI와 뉴스룸의 협업이 쉽지 않을 수도 있다. 뉴스 산업계의 AI에 대한 두려움과 불신이 여전하기 때문이다. AI는 정보 수집과 영상 편집, 검색 등의 기능으로 뉴스룸을 도울 수 있지만, 동시에 '기사를 작성할 수 있는 능력'으로 기자들의 역할을 위협할 수 있다. 가짜뉴스나 정보를 쉽게 유통할 가능성도 있다. 그러나 AI가 기자를 완전히 대체할 것으로 보는 시각은 아직 많지 않다. 뉴스에는 여전히 현장이 중요하기 때문이다. 기자의 발을 대체할 AI는 아직 없다.

뉴욕타임스의 CEO 메러디스 코핏 레비엔 Meredith Kopit Levien 은 2023년 5월 칸 라이언에서 가진 악시오스와 인터뷰에서 "우크라이나 전장에서 벌어지는 일을 취재하기 위해 로봇을 보낼 수는 없다. 대부분의 저널리즘은 전문성과 판단력을 갖춘 인간 크리에이터ⓜⓜ를 필요로 한다. AI는 우리의 전문성을 강화하는 데 도움을 줄 수 있다."라고 말했다. 그러나 AI에 대한 이해는 저널리즘 차원에서 필수다. 지배당하지 않으려면 지배해야 한다. 케빈 메리다 Kevin Merida LA타임스 편집장은 악시오스와의 인터뷰에서 "나는 모두가 AI를 잘 알고 있어야 한다고 생각한다. 정확하고 책임감 있게 사용하는 법을 안다면, 기술이 큰 도움이 될 것"이라고 설명했다.

한편, AI가 전 산업을 지배하자, 미국 뉴스 미디어들도 앞다퉈 AI를 받아들이고 있다. AP도 2023년 초 AI 지원 검색 툴을 도입했다. 이 툴에서는 설명문, 비디오, 다른 언론사 기사 등 기존 메타데이터를 뛰어넘는 검색이 가능하다.

뉴스룸에 깊숙이 들어온 AI

생성 AI는 이미 뉴스룸 가운데에 들어와 있다. 콘텐츠 생산의 객체가 아닌 주체가 된 생성 AI로 인해 뉴스룸은 기로에 서 있다.

오픈AI에 이어 구글도 다양한 뉴스룸에 접근해 새로운 AI 툴 '제네시스Genesis'와의 협업 가능성을 타진하고 있는 것으로 알려졌다. 제네시스는 기자처럼 새로운 스토리를 쓸 수 있는 생성 AI 기반 소프트웨어다. 구글은 이 툴이 기자들이 기사를 쓰는 데 도움을 준다고 강조하고 있다. 기자를 대체하는 것이 아닌 보조 수단이라는 이야기다. 그러나 일부는 이 툴이 저널리즘의 기본을 훼손할 수도 있다고 이야기하고 있다.

뉴욕타임스는 구글 내부 관계자들의 말을 인용해, 워싱턴포스트, 뉴스코퍼레이션(월스트리트저널, 뉴욕포스트의 모회사), 뉴욕타임스 등에 제네시스를 피칭했다고 보도했다. 뉴욕타임스 보도에 따르면 제네시스는 사건의 상세 정보를 수집하고 뉴스 콘텐츠를 만들 수 있다. 구글 대변인은 "이 도구가 주로 지메일이나 구글 닥스와 비슷하게 스타일을 제안하고 헤드라인 옵션을 제공하는 등 저널리즘 콘텐츠 생산에서 '귀찮은 작업'을 처리하게 될 것"이라고 주장했다.

구글 대변인 젠 크라이더Jenn Crider는 보도자료에서 "뉴스 언론사, 특히 중소 언론사와 협력해 기자들의 업무를 돕는 AI 툴 개발을 위한 아이디어를 개발하고 있다."라고 말했다. 그녀는 또 "제네시스는 팩트체킹이나 기사 작성 등 기자들의 핵심 업무를 대체하는 대신, 헤드라인이나 글 쓰는 스타일 등을 제안할 수 있다."라고 덧붙였다. 전문가들은 구글의 제네시스가 긍정적인 면과 부정적인 면이 있다고 지적하고 있다.

AP, 스카이뉴스가 오픈AI와 AI 기술을 도입하기 위해 협업하는 등 뉴스룸과 AI의 만남이 계속되고 있다. NPR, 인사이더 등 여러 뉴스룸들이 직원들에게 향후 AI를 뉴스 제작에 활용하겠다고 공지하기도 했다.

그러나 AI 뉴스 제작이 긍정적인 것만은 아니다. 기사에서 심각한 오류가 발생하는 등 부작용도 있다. 씨넷, 기즈모도, 아이리시타임스 등이 대표적이다. 아이리시타임스의 경우에는 오피니언 기사를 AI를 이용해 작성했는데 향후 기사 내용 오류로 사과까지 했다. 심지어 기사 작성 바이라인도 AI가 아닌 가상의 인물로 적시해 신뢰성에 대한 비판이 더 커졌다.

AI 툴이 팩트나 상세 정보를 제대로 전달할 수 있다면 뉴스 미디어에 큰 도움이 된다. 그러나 작은 실수가 언론사 신뢰도에 큰 타격을 줄 수 있다는 점은 큰 문제다. 없는 정보를 만들거나 가짜 뉴스를 잘 못 조합할 수도 있다. 이런 이유로 뉴스룸에서 AI를 본격적으로 사용하는 것은 시기상조다.

그럼에도 AI가 뉴스룸을 변화시킬 것이라는 의견에는 이론의 여지가 없다. AI를 활용한 뉴스 작성이 언론사에 새로운 수익을 만들어줄 수도 있다. 기사를 활용해 AI를 트레이닝 시키는 경우, 저작권료를 지급해야 한다는 목소리도 높다. 이미 NBC뉴스나 뉴욕타임스는 AI가 자신들의 뉴스를 허락 없이 사용하는 것을 막기 위한 행동에 들어갔다. 레딧이나 트위터도 AI가 소셜미디어 댓글을 무단으로 긁어가지 못하게 유료화에 나섰다.

채널1 뉴스 데모 클립(출처 : channel1.ai)

AI CNN의 등장

첫 화면은 여느 뉴스와 다름없다. 경제부 기자가 나와 디즈니의 분기 실적을 분석한 방송 리포트를 진행했다. 화면에는 리포터와 함께 디즈니의 분기 실적이 노출됐다. 그러나 화면을 자세히 들여다본 이들은 '기자의 실체'를 의심했다. 기자의 입술이 음성과 일치하지 않았기 때문이다. 이 비디오는 AI CNN을 지향하는 스타트업 '채널1 뉴스Channel 1 News의 데모 클립이었다. 다시 말해 이 기자는 실존 인물이 아니라, AI 기자다. 채널1 뉴스는 생성 AI를 이용해 뉴스 채널을 운영하는 새로운 형태의 실험이다.

프로듀서이자 디렉터인 스콧 자빌스키Scott Zabielski와 테크 기업인 아담 모삼Adam Mosam이 창업한 채널1 뉴스는 2023년 안에 스트리밍 채널에 30분 분량의 주간 뉴스를 송출할 계획이다. 채널1 뉴스는 단순히 AI가 만드는 뉴스를 넘어 시청자 개개인에게 맞춤형 뉴스 콘텐츠를 제공할 계획이다. 대량 언어 모델을 통해 엄청난 속도로 학습하는 AI의 특성을 고려할 때, 맞춤형 뉴스 공급은 기술적으로 어렵지 않다. 모삼 창업주는 〈할리우드리포터〉와의 인터뷰에서 2024년에는 광고 기반 앱이나 비디오 플랫폼을 통해 매일 약 500개의 뉴스 코너를 공급할 수 있을 것이라고 밝혔다.

그러나 이 AI 앵커와 기자가 얼마나 설득력을 가질지는 미지수다. 채널1도 스스로 부족한 부분이 많다는 사실을 인정하고 있다. 자빌스키 CEO는 인터뷰에서 "상당히 어려운 일 중 하나는 비디오 게임 캐릭터 같은 앵커를 자연스럽게 바꾸는 것"이라며 "게임 캐릭터가 뉴스를 진행하는 것을 좋아하는 사람은 없다. 기술이 여기서 멈춘다면 이 뉴스를 판매하기 어려울 것"이라고 강조했다. 다만 "처음부터 완벽할 순 없다. 우리는 12개월이나 18개월, 3년 뒤 더 나아지는 상황을 예상한다."라고 덧붙였다.

AI CNN이 노리는 것은 개인화

결국, 채널1은 AI 기자가 인간 기자와 구분할 수 없을 정도로 비슷해지는 시점을 찾고 있다. 그러나 기술의 완벽성을 넘어 인간의 감성까지 만족하게 하기 위해서는 많은 시간이 필요해 보인다. 하지만 채널1은 AI를 이용해 개개인이 원하고 필요로 하는 정보와 뉴스를 공급한다는 강점이 있다. 여기에 AI의 어색함을 극복할 '정보의 친절함'에 주력하고 있다. '개인을 위한 뉴스'는 기존 미디어들이 공급하지 못하고 있는 영역이다. 자빌스키 CEO는 언론 인터뷰에서 "기본적으로 요즘에는 모든 것이 개인화된다. 스포티파이도 눈치채지 못하는 사이에 이용자 개개인이 관심을 가질 만한 음악을 추천하고 있다. 틱톡 등 소셜미디어 서비스도 개인화 알고리즘을 가지고 있다."라고 설명했다.

현재 채널1은 AI 뉴스를 제작할 때 저장된 영상이나 사진을 사용한다. 최종적으로 회사는 카메라로 찍지 않은 생성 AI가 재창조한 영상을 사용할 계획이다. 모삼 CEO는 "향후 카메라 반입이 허용되지 않는 법정 영상도 AI가 만들어내 뉴스 보도를 할 수 있을 것이다. 다만, 뉴스 영상에는 AI를 사용해 만들었다는 표식이 탑재될 것"이라고 설명했다.

한국 기업 에이아이파크, 디지털 휴먼 AI 제작

AI 뉴스는 내용의 정확성과 함께, 전달자(앵커나 기자)의 신뢰성도 필요하다. 동영상 AI 뉴스에서 디지털 휴먼을 사용하는 때가 있는데, 아무래도 뉴스에 대한 전반적인 이해가 높으면 디지털 휴먼과 AI 뉴스가 잘 어울리게 된다.

한국 기업인 에이아이파크AIPARK는 "AI 음성&영상 생성기술을 활용해 시간과 공간, 언어의 한계를 초월하는 미래를 만들어 간

에이아이파크에서 제작한 JTBC AI 앵커 '제나'(출처 : AIPARK)

다"라는 모토를 가진 한국 AI 휴먼 스타트업이다. 이 회사의 설립
자 박철민 대표는 특이하게도 문예창작학과를 졸업하고 연세대
학교 공학대학원에서 인공지능을 전공했다. 디지털 휴먼에 인격
을 부여하기에 최적화된 수업을 받은 셈이다.

에이아이파크는 기업과 산업에 필요한 디지털 휴먼 AI를 제작
해 '맞춤형'으로 공급한다. 이 회사가 유명해진 건 언론사들과 함
께 '디지털 휴먼 앵커'를 만들어 방송하면서부터다. 에이아이파크
는 JTBC와 함께 가상인간 AI 앵커 '제나'를 만들어 뉴스 프로그램
인 〈아침&〉에 앵커로 데뷔시키기도 했다. 김동연 경기도지사(당
시 경제부총리)가 2021년 경기도지사 선거에 출마할 때 등장시킨
AI 대변인 '에이디'와 김 지사의 아바타 '윈디'도 이 회사의 작품이

다. 에이아이파크 박철민 대표는 인터뷰에서 "영화, 드라마 등에서 디지털 휴먼 수요가 증가하고 있다. 2024년에는 세계 시장 진출이 목표"라고 강조했다.

AI의 스포츠 중계,
인간의 매력을 넘어설 수 있을까

생성 AI의 확산은 스포츠 업계도 예외가 아니다. 경기 분석이나 운동 능력 향상에 도움을 받는 것은 물론, 스포츠 중계방송에도 AI가 도입되고 있다. AI가 경기 하이라이트를 만들고 AI 해설가가 경기를 분석한다. 스포츠 분야는 다른 어떤 방송보다 AI의 침투 속도가 빠르다. 규칙은 정해져 있고 경기 결과도 (AI 입장에서는) 승리와 패배로 단순하기 때문이다.

저널리즘 전문가들도 스포츠 중계나 취재가 경제 보도와 함께 AI 대체 속도가 가장 빠를 것으로 보는 시각이 많다. 사실事實 보도가 많은 이들 영역은 AI의 침투에 취약할 수밖에 없다. AI CNN을 선언한 채널1도 스포츠 보도를 위해 AI 기자를 도입하겠다고 밝힌 바 있다. 이 때문에 스포츠 중계에서 AI 활용에 대한 우려도 나온다. 기술 발전이 사람의 일자리를 위협하고, 심지어 사람을 뛰어넘어 산업을 주도할 수 있다는 우려다.

마스터스와 윔블던에 뛰어든 AI

골프와 테니스 경기 중계에 때아닌 AI 바람이 불었다. 마스터스와 윔블던 대회에서 경기 하이라이트 비디오와 해설에 IBM AI를 사용한 것이다. 2023년 6월 유럽방송협회 사업부인 유로비전 스포츠Eurovision Sport 는 폴란드에서 열린 유럽육상선수권대회에서 AI 보이스를 이용한 경기 해설 서비스를 제공했다. 유럽육상선수권대회 오디오 설명에 사용된 AI 보이스는 실제 선수의 음성을 학습해 완성되었다. 유럽에서 대중적인 인지도가 높은 전직 육상 선수 한나 잉글랜드Hannah England 가 목소리 샘플을 제공했다.

생성 AI 왓슨Xwatsonx 플랫폼을 보유한 IBM은 '스포츠 AI'에 적극적이다. 노아 사이켄Noah Syken IBM 스포츠&엔터테인먼트 협업 담당 부대표는 NBC와의 인터뷰에서 "마스터스와 윔블던 대회를 위해 AI 해설을 만들어냈다. US오픈에도 하이라이트와 경기 설명에 AI를 사용할 계획이다."라고 밝혔다.

현재 스포츠 중계에 사용하는 AI 기술은 크게 두 가지 포맷이다. 경기가 끝난 뒤 자동으로 경기 결과를 요약하는 영상을 만들거나, 경기 설명이나 해설에 오디오 AI를 사용하는 것이다. IBM이 마스터스와 윔블던 대회에 제공한 AI 해설은 경기 영상을 보고 사

윔블던을 IBM의 왓슨X로 즐기는 장면 (출처 : ibm.com)

람처럼 해설하는 방식이었다. 그러나 현재 많이 사용하는 방식은 영상보다는 오디오 포맷이다. 경기 중 또는 경기가 끝난 뒤 거의 실시간으로 서비스할 수 있기 때문이다. 그러나 경기 하이라이트를 AI로 만드는 포맷도 빠르게 확산하고 있다.

AI는 스포츠 중계비용을 줄여주는 장점이 있다. 그러나 AI 해설자가 인간을 대체하게 될 거라는 우울한 비관론도 있다. 마스터스와 윔블던 대회에 사용된 AI 해설과 관련해 IBM이 "두 이벤트 모두 팬들로부터 긍정적인 피드백을 받았다."라고 밝히기도 했다.

IBM 등 AI 기업들은 AI 해설자가 주체보다는 조력자라며 비관론을 잠재우려 애쓰고 있다. 노아 사이켄 IBM 부대표는 NBC 뉴스와의 인터뷰에서 "기술 발전으로 AI 보이스가 점점 더 현실적으로 들리지만, AI는 실제 인간 해설자를 대체하기보다 돕기 위해 존재한다."라고 말했다. 이에 그는 "목소리를 지나치게 인간처럼 만들기 위해 노력하지는 않는다."라고 강조했다.

그러나 비판도 만만치 않다. 마스터스와 윔블던 대회의 AI 해설과 관련해 일부 스포츠 팬들은 로봇이 이야기하는 것처럼 들린다며 조롱했다. 한 트위터 사용자는 "AI가 더빙한 윔블던 하이라이트 영상은 경기에 대한 감정이 전혀 없고 해설 타이밍도 맞지 않는 경우가 많았다. 이는 이 음성이 사람이 아닌 AI라는 사실을 그대로 말해준다."라고 썼다.

PGA 골프 투어를 수차례 중계하며 25년 이상 방송 스포츠 캐스터로 일한 케빈 실베스터 Kevin Sylvester 는 NBC 언론 인터뷰에서 "마스터스 AI 해설은 관중들이 경기에 계속 몰입하게 만드는 목소리 변화와 같은 해설 기술이 부족했다. 스포츠 중계는 예술이며, 경험과 지식이 중요하다. 그래서 어떤 컴퓨터도 사람을 대체할 수 없다고 생각한다."라고 강조했다.

스포츠 AI의 미래

AI 해설은 복제에 시간이 오래 걸리고 비용 장벽도 높다. 이에 실험적인 프로젝트에 그치고 있다. 그러나 실제 사람의 목소리와 구분할 수 없을 정도의 경지까지 올라온 것도 사실이다. 유럽육상선수권대회에 사용된 한나 잉글랜드의 목소리는 실제와 거의 차이가 없었다. AI인 줄 모르고 이 영상을 본 사람들은 목소리의 주인공이 사람인지 AI인지 착각할 정도였다. 윤리적인 문제가 불거질 것을 우려한 주최 측은 그 목소리가 사람이 아니라는 사실을 고지했다. 유럽육상선수권대회 측은 보도자료에서 "청취자들을 존중하기 때문에 이를 고지하는 것이 매우 중요하다. 청취자를 속이고 싶지 않다. 우리는 청취자들에게 AI의 장단점을 이해할 기회를 제공하고 있다."라고 말했다.

스포츠 AI, 특히 AI 해설은 아직까지 실험적인 프로젝트다. 그러나 앞으로 더 확산할 것은 분명하다.

AI가 스포츠 중계 현장에 적용되는 것을 피할 수 없다는 이야기다. 그러나 AI가 아무리 정확하다 해도 실제 인간의 매력을 넘어서기는 어렵다. AI는 인공지능이 아니라 사람을 증강하는 지능이 되어야 한다.

한국 AI 기업들은
어떻게 움직이고 있나

한국에서 AI가 크게 주목받은 시기는 2016년이다. 그해 구글의 자회사 딥마인드가 내놓은 바둑 AI '알파고'와 이세돌 기사가 대결을 펼쳤다. 이후 많은 AI가 나왔지만, 대중적인 관심을 받지는 못했다. 이후 2022년 11월, 오픈AI의 챗GPT가 출시되고 나서 한국에도 AI 열풍이 불었다.

한국의 생성 AI 스타트업 현황

챗GPT 등장 이후, 가장 먼저 챗봇이나 업무용으로 활용하려는 시도가 있었다. 스타트업인 스캐터랩이 AI 챗봇 '이루다'를 개발했는데, 이루다에는 스캐터랩의 자체 언어 생성 AI 모델인 '루다 젠1'이 적용되었다. 올거나이즈코리아는 기업용 인지검색 솔루션 및 챗봇 서비스 '알리GPT'를 개발했고, 여기에 챗GPT를 적용했다. 하지만 여기까지는 차별성이 부족했다. 본격적인 AI 시대는 'AI 엔터테인먼트'가 열고 있다. AI 보이스, AI 비디오, AI 휴먼이 그것이다. 한국 엔터테인먼트의 인기와 품질 우수성이 세계로부터 인정받고 있는 지금, AI와 엔터테인먼트의 만남이 새로운 전기를 만들고 있다.

K-엔터테인먼트의 글로벌 확장과 함께 한국 AI 스타트업의 세계 시장 진출 가능성도 커졌다. 한국의 엔터테인먼트 관련 AI 스타트업이 가장 많이 선보인 생성 AI 서비스는 이미지와 비디오 제작 솔루션이다.

라이언로켓이 2023년 3월에 내놓은 이미지 생성 AI 플랫폼 '포킷pokeit'은 출시 한 달 만에 100만 건의 이미지를 생성했다. 포킷은 이용자가 명령어를 입력하면 관련 이미지를 생성해 준다. 포킷의 가장 큰 장점은 어려운 명령어를 몰라도 화면상의 버튼으로 쉽게 이미지를 생성할 수 있다는 점이다.

드랩Draph 의 '드랩 아트'는 스마트폰으로 찍은 사진을 AI를 이용해 전문가 수준의 사진으로 바꿔주는 서비스로, 크리에이터들 사이에서 인기가 높아지고 있다. 드랩은 최근 중고차 플랫폼 기업 '차란차'와 AI 솔루션 공급 계약을 맺었다. 차란차는 드랩의 AI 기술을 활용해 일반인이 찍은 차량 사진을 사진작가가 전문 스튜디오 등에서 찍은 것처럼 만들어 준다.

딥브레인AI는 가상 인간을 제작하는 서비스를 제공한다. 생성 AI가 만든 얼굴 이미지를 바탕으로 대화형 가상 인간 서비스도 내놨다. 한국에서는 최초로 사람이 아닌 AI 기반으로 생성된 얼굴 이미지로 가상 인간을 구현했다.

뤼튼테크놀로지스는 '올인원' AI를 지향한다. 이와 관련 2023년 4월 외부 플러그인 연동 기능을 포함한 '뤼튼 2.0Wrtn 2.0' 플랫폼을 출시했다. 뤼튼은 이를 통해 국내에서 처음으로 AI 플러그인 생태계 구현을 가속화 한다는 목표를 세우고 있다.

뤼튼은 두 가지 버전의 AI 텍스트 제작 툴을 운영하고 있다. AI 글쓰기 튜터 '뤼튼 트레이닝'과 전문적인 글쓰기를 도와주는 '뤼튼 도큐먼트' 서비스가 그것이다. 이를 통해 카피라이팅 뿐만 아니라 간단한 키워드만 입력해도 완성도 높은 초안을 생성하는 데 주력하고 있다. AI 텍스트 툴은 업계 전문가들을 위한 텍스트 생성 조력 도구다. 뤼튼의 AI 솔루션을 이용하면 전문가들이 자신의 핵심 업무에만 집중할 수 있다.

뤼튼은 단순 제품을 넘어 AI 포털을 구상하고 있다. 챗 플랫폼, 뤼튼 스튜디오·스토어, 플러그인 등이 그것이다. 챗 플랫폼은 대화를 기반으로 AI와 사람이 자연스럽게 소통할 수 있는 서비스다. 현재 AI와 대화하면서 세부정보까지 탐색할 수 있는 서비스를 제공하고 있다. 뤼튼 스튜디오·스토어는 누구나 AI 도구를 만들고 판매할 수 있는 공간이다. 툴 빌더tool builder 인 뤼튼 스튜디오로 AI 도구를 만들면 뤼튼 스토어에서 자유롭게 배포하고 수익을 올릴 수 있다. 마지막 요소인 '플러그인'은 생성 AI와 일상적으로 사용하는 서비스를 연결하는 기능을 뜻한다. 예컨대 공유 모빌리티 서비스 '타다'를 플러그인으로 연동할 경우, 사용자가 목적지까지 걸리는 시간을 검색하면, 타다가 가동되면서 도착 예정 시간과 현재 탑승 가능한 택시를 찾아준다.

투블럭AI는 AI 기반 글 첨삭 서비스 '키위티'를 개발했다. AI가 글의 완성도를 분석해 정량적인 평가를 하면 독서·논술 선생님이 5분 만에 글쓰기 평가서를 작성할 수 있다고 회사 측은 밝혔다. 현재는 글 첨삭이지만, 확장되면 AI 각본 플랫폼으로 성장할 수도 있다. 조영환 투블럭AI 대표는 언론 인터뷰에서 "글쓰기 교육이 어린 학생에게 상당히 중요한데도 불구하고 학교에서 제대로 가르치지 않고 있다. AI를 활용하면 글쓰기 교육에 도움을 줄 수 있다"라고 설명했다. 2019년에 회사를 설립한 조 대표는 프랑스의 AI 기업 마이스크립트 연구원, 네이버 본부장 등을 역임한 자연어 처리 분야 AI 전문가다.

투블럭AI는 자체 한국어 형태소 분석기와 'HanBERT', 'HanBART', 'HanGPT' 등 심층 언어모델 기술도 보유하고 있다. 챗GPT 활용 관련 특허 2건을 등록하기도 했다. 투블럭AI는 문해력 챗봇 '키위챗'도 출시했다. 자연어 처리 기술과 프롬프트를 결합한 AI 서비스다. 키위챗은 사용자의 글을 읽은 뒤에, 먼저 질문을 던지며 대화를 이끌어 간다. 학생들은 독서와 토론, 다양한 AI 도구로 생각을 정리해 글을 쓰고 '키위티'를 활용해 빠르게 평가

받아 글을 수정할 수 있다.

보이스 클론 AI 서비스도 개발이 한창이다. 보이스 클론 서비스는 엔터테인먼트 업계에서 적용이 가장 빠른 영역이다. 국내 유튜브 쇼츠 포맷 최다 시청자 수를 기록한 '1분요리 뚝딱이형'에 나오는 목소리는 네오사피엔스의 AI 성우 서비스 타입캐스트가 만들었다. 미국·영국·일본·중국 등 45개국 132만여 명이 타입캐스트를 사용하는 중이다. 네오사피엔스는 인사이더가 선정한 '할리우드 스튜디오가 뽑은 유망 AI'로도 뽑혔다.

휴멜로Humelo도 AI로 개인 목소리를 다양하게 변조해 제공하는 서비스를 내놨다. 2018년에 설립된 이 회사는 AI 음성 합성 서비스 '프로소디'를 개발했다. 이자룡 휴멜로 대표는 언론 인터뷰에서 "이용자가 2분 정도 목소리를 녹음하면 다양한 형태로 변형이 가능하다."라고 설명했다.

포자랩스는 간단한 키워드로 본인이 원하는 음악을 제작해 주는 AI 서비스를 제공한다. 2022년 7월부터 KT와 손잡고 AI 음성 합성 콘텐츠를 제작할 수 있는 'AI 보이스 스튜디오' 플랫폼을 출시했다.

웨인힐스브라이언트AI는 텍스트-영상 자동 변환 AI 스타트업이다. 이 회사는 2023년 5월, AI 비디오 생성 앱 'TTVText to Video AI'가 출시 2개월 만에 회원 수 10만 명을 돌파했다고 밝혔다. 구독 기반인 TTV AI는 영상 편집을 배운 적이 없는 일반 사용자도 텍스트 입력만으로 비디오를 만들 수 있는 AI 기반 비디오 생성 앱이다. 영상 및 자막의 자동 제작부터 다운로드, SNS 업로드까지 제공하여 취미용 브이로그, 기업 홍보물, 교육 영상 등 목적에 따라 다양하게 활용할 수 있다. 안드로이드와 애플 iOS에서 모두 이용할 수 있다.

웨인힐스는 B2B를 중심으로 서비스를 전개해 왔는데, B2C로도 사업을 확장하고 있다. 이수민 웨인힐스 대표는 〈디지털투데이〉와의 인터뷰에서 "비디오 생성 AI 수요가 점점 커지는 만큼 2023년 내에 회원 수 50만 명 돌파도 가능할 것으로 보인다."라고 말했다.

K-콘텐츠와 AI의 결합

엔터테인먼트 업계도 AI를 적극적으로 받아들이고 있다. 기술적인 문제로 AI가 콘텐츠 생산 작업에 완전히 녹아들고 있지는 않지만, 시간문제로 보인다. 과거에도 테크놀로지와 엔터테인먼트의 결합을 주도했던 만큼, K-콘텐츠, 엔터테인먼트, AI 테크놀로지의 만남이 자연스럽게 이루어질 것으로 보인다.

2023년 현재, 국내 AI 스타트업이 선보이고 있는 기술 중 상당수는 '엔터테인먼트에 바로 적용할 수 있는 솔루션'들이다. 주로 AI를 이용해 새로운 이미지나 동영상을 만들어낸다. 이들 솔루션이 K-콘텐츠, K-뮤직, K-푸드와 만나면 상당한 파급효과를 일으킬 수 있다. 유튜브 등에서 활동하는 크리에이터들의 세계 시장 진출에도 AI의 도움이 매우 효과적일 것으로 보인다. AI를 이용한 번역, 외국어 음성 더빙 등이 K-콘텐츠의 빠른 확산과 현지화에 도움을 줄 수 있다.

미국 할리우드 등에서는 이미 AI 기술과 엔터테인먼트를 결합한 '생태계'가 만들어지고 있다. 미국 기업 런웨이의 AI 도구는 명령어만 넣으면 15분 내외의 영상을 만들어낼 수 있는 수준까지 올라섰고, 마블 등 대형 스튜디오도 〈시크릿 인베이전〉 등에 생성 AI를 적극적으로 도입하고 있다. 일본에서는 AI를 이용해 인기 만화영화 시리즈 〈아톰〉을 재탄생시키고 있다. 작가 데츠카 오사무는 이미 세상을 떠났지만, 그의 작품은 AI와 함께 다시 돌아온다.

한국에도 AI 기술을 적용한 엔터테인먼트 콘텐츠가 무수히 많다. MBN은 김주하 앵커의 AI를 뉴스에 도입했고, JTBC는 고인이 된 아티스트를 AI 복원 기술로 다시 만나볼 수 있는 프로그램 〈얼라이브〉를 내놓았다. 티빙에서 공개된 이 프로그램은 음성 및 페이스 복원, 페이크 기법 등을 활용한 확장 현실XR 공연으로, 아티스트의 모습과 목소리를 생생하게 경험할 수 있는 프로그램이다. 2022년 8월에는 AI로 환생한 가수 유재하가 35년 만에 신곡을 발표하는 모습이 재연되었고, 9년 전 작고한 '울랄라세션'의 멤버 임윤택의 모습도 볼 수 있었다.

이 프로젝트를 주도한 JTBC 이선우 PD는 인터뷰에서 "테크놀로지를 넘어 콘텐츠의 가치를 높일 수 있는 기술을 꿈꾼다. 기술을 이용해 아티스트를 복원만 하는 것만으로는 의미가 없다. 엔터

JTBC <얼라이브>에서 보원한 울랄라세션 임윤택의 모습 (출처 : JTBC)

테인먼트와 기술을 접목해 새로운 예술을 만들어내는 것이 중요하다."라고 설명했다.

인력과 자본이 부족한 K-콘텐츠의 경쟁력 강화를 위해 AI 활용 전략을 고민해야 한다는 조언도 나오고 있다. 2023년 7월 12일, 한국미디어경영학회가 주최한 '기술이 만드는 콘텐츠의 미래' 세미나에서 발제를 맡은 고려대학교 경영대학 이건웅 교수는 "콘텐츠의 품질은 AI를 어떻게 활용하느냐에 따라 달라질 수 있다. 사람이 하던 일을 AI가 더 잘 대체할 방법은 무엇인지 고민이 필요한 시점이다. 한국 콘텐츠도 AI를 적극적으로 활용해 부가가치를 높여야 한다"고 덧붙였다.

패널로 참석한 동덕여대 최민음 교수도 "국내 엔터테인먼트 산업은 인력과 자본의 부족이 가장 큰 제약"이라며 "사람의 창의적 시나리오를 토대로 AI가 부족한 인력과 예산을 해결해줄 수 있다면, 산업적 기회가 될 수 있다. 잠재적 크리에이터들은 AI 기술을 전향적으로 생각한다. 현재, 학생들을 대상으로 AI를 접목한 콘텐츠 제작 수업을 진행하고 있는데, 스토리텔링에 자신 있는 학생들이 AI 기술을 활용해 웹툰 작가나 뉴스 크리에이터가 될 수 있다는 기대감을 보인다."라고 설명했다.

최보름 서울시립대 교수는 "국내 콘텐츠, 엔터테인먼트 산업계가 규모의 열세를 극복할 방법이 바로 AI의 활용"이라며 "단순 작업은 AI로 대체하고, 고차원적이고 창의력이 필요한 영역에 인적 요소를 집중해 콘텐츠를 개발한다면 경쟁력이 더 생길 것"이라고 말했다.

한편, 글로벌 엔터테인먼트 기업과 한국 콘텐츠 기업 사이에 간극이 더 커질 것이라는 우려도 나왔다. 대규모 자금을 투자해 자체 AI 모델을 만들고, 이를 콘텐츠 제작에 투입하는 미국, 영국 등의 대형 스튜디오가 한국을 압도할 수 있다는 이야기다. 이미 블룸버그GPT(블룸버그미디어가 만든 GPT)를 비롯해 디즈니, 아마존 등이 AI를 콘텐츠 제작에 투입하고 있다. 따라서 AI 기술은 이미 거대한 콘텐츠 자산을 보유한 회사들에 유리할 수 있다는 지적도 여전하다. 최믿음 교수는 "AI가 콘텐츠 산업에 적용되기 시작하고 나서 가장 빨리 움직인 곳들이 디즈니 등 거대 컨텐츠 보유사들"이라며 "이미 한 번 성공한 원천 소스가 있으면 생성형 AI를 활용해 창출할 수 있는 가치가 훨씬 더 커지기 때문"이라고 설명했다. "가령 1편부터 4편까지 제작된 전편 시놉시스를 넣은 다음 '우리가 놓친 스토리를 발굴해달라'고 할 수도 있다. AI가 충분히 스토리까지 만들어줄 수 있는 시대"라고 덧붙였다.

한국 기업들도 움직이고 있지만, 아직은 규모나 타이밍 면에서 아쉬운 것이 사실이다. 고려대학교 이건웅 교수 연구팀은 네이버웹툰과 타 플랫폼에 연재된 총 735개의 웹툰 회차를 대상으로 2021년 5월부터 2023년 6월까지 해당 사이트에 올라온 날짜와 불법 사이트에 올라온 날짜를 비교했다. 그 결과 AI 솔루션 '툰레이더'가 적용된 네이버웹툰의 경우, 타 플랫폼 대비 약 25일 정도 불법 유통 지연 효과가 있었다. 네이버가 추산한 바에 따르면, 툰레이더를 통해 보호된 저작권 환산 금액이 연간 3,000억 원에 달한다. 이 교수는 "이미지 인식·머신러닝·딥러닝 등 AI 기술을 콘텐츠 저작권 보호에 접목한 네이버웹툰이 타사 대비 탁월한 불법 유통 사전 방지 역량이 있음을 분석을 통해 확인했다. AI 기술을 효과적으로 활용하면 지식재산권 보호를 강화하고, 불법 유통 등에 대한 우려를 낮춰 건전한 K콘텐츠 생태계를 구축할 수 있는 효과가 있다."라고 설명했다.

대표 IT 기업들의 움직임

스타트업뿐만 아니라 국내 대표 IT 기업들도 미래 질서를 바꿀 AI 개발과 시스템 고도화에 열을 올리고 있다. 통신사, 포털, 게임 등 개별 소비자들을 상대로 하는 기업들이 AI 기술 개발에 가장 적극적이다. 이들은 이미 공개된 AI 기술을 빠르게 흡수하면서 '한국형 AI'와 이를 중심으로 한 글로벌 진출 준비에 한창이다.

대표적으로 한국 1위 이동 통신사인 SK텔레콤이 AI 생태계 구축에 나서고 있다. 'AI 컴퍼니'를 선언한 SK텔레콤은 LLM 등 자체 AI 기술을 고도화하는 동시에 외부 기업과 AI 동맹을 강화하는 투트랙 전략을 이어가고 있다. 2023년 6월에는 AI 앱 '에이닷' 서비스를 개편하고, 감성형 AI 에이전트 'A.프렌즈'를 선보였다. AI 챗봇 '이루다' 개발사인 스캐터랩과 협력하여 자연스러운 대화가 가능한 감성 대화 AI 기술을 적용한 것이다.

SK텔레콤은 AI 동맹도 강화하고 있다. 2023년 2월 스페인 바르셀로나에서 열린 'MWC'에서 팬텀AI(자율주행 솔루션), 사피온(AI 반도체), 베스핀글로벌(클라우드), 몰로코(애드테크), 코난테크놀로지(AI) 등과 'K AI 얼라이언스'를 출범시켰으며, 참여 기업 수가 계속 늘고 있다.

AI를 중심으로 한 비즈니스의 다양화도 고민 중이다. SK텔레콤은 AI 로보틱스 소프트웨어 개발 경험이 많은 씨메스와 함께 '서비스형 로봇RaaS 요금제'를 개발하기로 했다. 기업을 대상으로 AI 기반 RaaS 구독 비즈니스 모델을 활용하면 승산이 있을 것이라는 생각이다.

KT는 2022년 11월에 AI 전략 간담회를 열고 초거대 AI '믿음'

을 공개했다. '믿음'은 다양한 응용 사례를 쉽게 학습할 수 있는 '협업 융합 지능'을 갖췄다는 것이 회사의 설명이다. 적은 양의 데이터로도 최적의 효과를 낼 수 있다는 이야기다. KT는 '믿음'을 서비스형 플랫폼화 방식을 통해 구독형 서비스로 제공할 예정이다. AI컨택센터AICC, 금융, 법률, 의료, 미디어·콘텐츠, 공공·행정 등의 분야에서 API 연동을 추진 중이다.

AI 공습에 가장 큰 영향을 받는 포털 기업들도 개발을 진행중이다. 국내 최대 검색엔진 업체 네이버도 AI 글로벌 경쟁 대열에 가세했다. 네이버의 개발 방향은 AI를 통한 검색엔진 고도화가 핵심이다. 이를 통해 검색, 쇼핑, 블로그 등 회사의 주요 서비스에 적용하고 기업용 AI 서비스까지 출시하겠다는 생각이다. 네이버의 AI 기술은 2021년 자체 개발을 통해 출시한 초거대 AI '하이퍼클로바'에 근간을 두고 있다. 하이퍼클로바는 한국어 특화 모델로, 2,040억 개의 학습 매개변수를 자랑한다.

2023년 8월에는 기존 모델의 업그레이드 버전인 '하이퍼클로바X'를 공개했다. 네이버의 최수연 대표는 하이퍼클로바X를 출시하면서 "영업수익의 22%를 연구개발에 꾸준히 투자했고, 이를 토대로 기술을 고도화하고 양질의 데이터를 확보했다"라고 밝혔다.

네이버는 하이퍼클로바X 출시와 함께 이를 기반으로 한 대화형 AI 서비스 '클로바X'와 생성 AI 기술이 적용된 검색서비스 '큐(Cue:)'도 소개했다. 클로바X는 이용자에게 요약, 추론, 번역 등 다양한 대화형 답변을 제공하는 서비스이며, '큐'는 마이크로소프트의 '빙'처럼 검색 서비스에 탑재된 AI 기능이다. 명령에 따라 언제든 사용자와 대화할 준비가 되어 있다는 의미와 함께 개인 맞춤 추천을 의미하는 '큐레이션Curation', 호기심을 의미하는 '큐리오시티Curiosity'라는 뜻을 내포하고 있다.

카카오도 한국어 특화 초거대 AI 언어모델 '코GPT KoGPT'를 결합한 AI 챗봇 서비스를 준비 중이다. 코GPT는 AI 연구 전문 자회사로 출범한 카카오브레인이 개발했는데, 연구 성격이 강해 수익 모델 개발 등 카카오 전체 시너지로 이어지지 못한다는 평가가 많았다.

카카오는 향후 카카오브레인을 통해 '투 트랙'으로 AI 사업화에 나설 계획이다. 챗GPT 같은 초거대 AI 연구를 꾸준히 지속하되, 이용자들을 위한 B2C용 서비스도 상황에 맞추어 발빠르게 내놓겠다는 것이다. 시장에 뒤처지지 않겠다는 생각이 담겼다. 앞으로 카카오브레인이 내놓을 서비스의 성패에 따라 카카오의 AI 경쟁력도 평가될 전망이다.

카카오브레인은 2023년 11월에 한국어 특화 초거대 AI 'KoGPT 2.0'을 선보일 예정인데, 이에 앞서 이미지 생성 AI '칼로 2.0'을 공개했다. 3억 장 규모의 텍스트-이미지 데이터 세트를 학습한 초거대 AI로, 사실감 넘치는 이미지를 3초 안에 그려낸다. 한국어 입력도 가능하다. 카카오브레인은 국내 AI 생태계 발전을 위해 칼로 2.0의 API도 공개했다. 국내 기업 중 자체 이미지 생성 모델로 서비스를 하는 회사는 카카오가 유일하다.

LG도 AI를 적극적으로 도입하고 있다. 'LG AI 연구원'은 자체 초거대 멀티모달 AI '엑사원 2.0'과 이를 기반으로 한 생성 AI 서비스를 공개할 예정이다. 엑사원의 매개 변수는 약 3,000억 개로, 매개 변수 숫자로는 국내에서 가장 많다. LG의 초거대 AI는 계열사를 중심으로 '전문가 AI'로 포지셔닝할 것으로 알려졌다. LG AI 연구원은 세계 최대 출판사 엘스비어와 협력해 논문, 특허 등을 LLM에 학습시키고 있다.

콘텐츠 미디어 시장의
미래는 어떻게 될까

다른 많은 산업과 마찬가지로, 미디어와 테크 비즈니스 역시 코로나 팬데믹 뒤에 이어진 글로벌 경제 침체에 큰 상처를 입었다. 미디어 및 테크 시장은 스트리밍, 영화, TV, 광고, 메타버스 등 수십 개 분야에 걸친 복잡한 네트워크를 이해하기 위해 고려할 요소가 많다. 이에 버라이어티는 미디어 테크 산업의 변화를 추적한 '2023 미디어&테크 트렌드 트랙커 2023 Media & Tech Trend Tracker'보고서를 발행했다.

이 보고서는 애플, 아마존, 파라마운트, 컴캐스트 등 테크 기업들의 재정, 주가 흐름, 정리해고 수준, 콘텐츠 예산 등의 분석을 담았다. 또 넷플릭스, 디즈니+ 등 메이저 스트리밍 서비스의 최근 움직임도 분석했다. 그밖에도 오디오, 팟캐스트, 비디오게임, VR, 소셜미디어, 크리에이터 이코노미, 메타버스, AI 등 다양한 미디어 포맷의 변화도 분석했다.

버라이어티가 포착한 2023년 미디어 현장은 '불확실성 속 기존 전략의 재평가'다. 빅테크와 대형 미디어 기업 주식의 움직임은 2022년과 상당히 달랐다. 2022년 바닥을 친 미디어와 테크 주식은 2023년 들어 전체 시장 대비 높은 성과를 나타냈다. 하지만 순탄치만은 않을 것으로 보인다. 경제회복 속도는 더디고, 2022년 미디어 시장을 괴롭힌 인플레이션 등의 문제가 여전히 남아 있기 때문이다.

미디어와 테크 기업들은 2023년 내내 수익과 비용 절감에 중점을 둘 것으로 보인다. 성장은 여전히 매우 중요하지만, 글로벌 경제 환경 불안이 문제다. 이에 많은 미디어와 테크 기업 경영진들은 한발 물러나서 회사 전략을 재평가하고 '불확실성의 시간' 속 가장 효과적인 방법을 찾고 있다.

주가 전망

2022년의 큰 충격 이후, 2023년으로 접어들면서 미디어와 테크 주식 상승장이 이어졌다. 그러나 미디어, 테크 기업 주가 상승이 계속 이어질 것으로 전망하는 이는 드물다. 정리해고가 이어지는 등 업황도 좋지 않다.

경제 상황은 여전히 좋지 않고, 2022년을 뒤덮었던 문제들도 계속 이어지고 있다. 미디어, 테크 기업들의 막대한 부채도 문제다. 경제 호황기에 많은 기업들이 스타트업이나 경쟁사들을 사들였기 때문이다. 모든 부채가 나쁜 것은 아니다. 그러나 감당할 수 있느냐가 문제다.

정리해고

2023년은 정리해고를 빼고는 말을 할 수가 없다. 2023년 3월, 디즈니가 7,000명을 해고했다. 디즈니뿐만 아니라 여러 빅테크, 미디어 기업들이 경비 절감을 위해 정리해고를 단행했다. 기업의 미래에 관한 불안감이 반영된 조치다. 경기가 불확실할 때, 기업이 가장 먼저 실행하는 부분이 인원을 통제하거나 직원들을 정리해고 하는 것이다.

특히, 테크 기업 종사자들이 회사의 정리해고에 큰 영향을 받았다. 그러나 더 심각한 것은 이 추세가 한동안 이어질 것이라는 점이다. 버라이어티에 따르면 2023년 1월에만 43,000명이 해고당했다. 역대 2위에 해당하는 수치다. 이후로도 정리해고가 계속 이어졌다. 2023년 3월, 메타는 1만 명 넘는 직원을 내보냈고, 마이크로소프트와 아마존도 마찬가지였다. 테크 및 미디어 기업이 직원들의 사기를 꺾지 않고 재무 목표를 달성하기는 사실상 어려워 보인다.

그러나 아이러니하게도 미국 노동 시장은 매우 강세다. 실업률은 53년 내 가장 낮다. 그 덕분에 무서운 정리해고가 미디어 테크 업계를 위협하고 있음에도, 퇴직자들이 신속하게 새로운 일자리를 찾을 수 있었다. 많은 전문가들이 미국 경제의 연착륙을 예측한다. 이는 상황이 개선되는 즉시, 고용이 붐을 이룰 수 있음을 의미한다.

광고

2023년 글로벌 광고 시장은 경기 침체에 가장 큰 영향을 받았다. 2022년 2분기 이후부터 광고 시장이 급격히 나빠졌다. 기업들이 광고비과 마케팅 예산을 줄였고, 마케팅 담당자들을 가장 먼저 해고했다.

물가 상승과 경제 불안은 많은 기업 관계자들과 마케터들을 수동적으로 만들었다. 유연성을 추구하고 예산 투입에 신중해졌다. 많은 사람이 대공황을 예상하지만, 아닐 가능성이 크다. 광고 시장은 머지않아 다시 회복될 것으로 보인다.

특히, 인터넷에 연결해 사용하는 커넥티드 TV와 디지털 광고 매출이 커질 것으로 예상된다. 소매 미디어 광고 시장에서는 아마존과 애플이 강자다. 〈포레스터 리서치 Forrester Research〉는 아마존이 2022년 290억 달러에서 2023년 360억 달러로 매출 상승을 이룰 것으로 예측했다.

소비자 지출

소비는 경제의 가장 큰 부분이다. 인플레이션이 계속되고 경제의 다른 부분들이 침체되어 있지만, 소비는 여전히 강력하다. 그렇다고 소비자들이 경기 침체를 신경 쓰지 않는 것은 아니지만, 다행히도 스트리밍 구독은 필수품으로 여겨지고 있다. 대다수 미국 가정이 주요 스트리밍 서비스 가입을 유지하고 있다.

계속되는 경제 불확실성은 개인 소비에 가장 큰 걸림돌이다. 저축이 감소하고 실업률이 증가하면, 소비는 축소될 수밖에 없다. 만약 대공황이 찾아온다면, 가정 내 엔터테인먼트 시장 경쟁도 치열해질 수밖에 없다. 치열한 경쟁은 승자와 패자를 만들고, 모든 사업자가 끝까지 생존할 수는 없게 된다.

연방준비제도이사회가 계속 금리를 높이고 있기 때문에 금리에 민감한 산업은 영향을 받을 수밖에 없다. 전통적으로 엔터테인먼트 업종은 불경기에도 다른 영역에 비해 상황이 낫다. 특히, 스트리밍 서비스는 소비자들이 싼 가격에 즐길 수 있는 오락거리다. 이에 대공황이 오더라도 스트리밍 소비는 계속될 것으로 보인다. 다만, 스트리밍 서비스 사업자 간 희비는 엇갈릴 수 있다.

공연 무대

브로드웨이 연극 등 오프라인 공연장은 팬데믹 시절에 큰 피해를 봤다. 브로드웨이의 경우, 1년 넘게 문을 닫았다. 그러나 2023년 들어 오프라인 무대가 서서히 살아났다. 브로드웨이 뮤지컬 상영 횟수가 팬데믹 이전 수준으로 회복되었고, 시즌 주간 매출도 3,000만 달러를 달성했다. 브로드웨이를 넘어 2022년 전 세계 콘서트 매출이 팬데믹 이전을 넘어섰다. 이는 공연 무대의 진정한 회복을 의미한다.

'비틀쥬스BeetleJuice' 같은 새 연극 작품은 매주 100만 달러에 달하는 매출을 올리고 있다. 브로드웨이 평균 티켓 가격은 팬데믹 이전보다 8달러 이상 올랐다. 당장 매출은 늘었지만, 높아진 가격으로 인해 관객 유지가 어려워질 수도 있다.

티켓 가격이 다소 내려갈 가능성은 있다. 미국 1위 티켓 예매시스템인 라이브네이션Live Nation이 과도한 수수료를 매기자, 테일러 스위프트의 팬들이 티켓 구매를 보이콧 하면서 정치권까지 나섰기 때문이다. 바이든 행정부는 팬데믹 이후 과도하게 인상된 티켓 수수료를 단속할 움직임을 보이고 있다.

테마파크

팬데믹의 영향력이 줄어들면서, 테마파크 비즈니스는 빠르게 회복되고 있다. 아직 100% 정상화되지 않은 곳도 있지만, 개선 속도는 빠르다. 특히, 고객 1인당 매출이 늘고 있다. 테마파크에서 많은 돈을 쓴다는 뜻이다. 그러나 물가와 금리 상승에 따른 마진

압박과 잠재적인 수요 하락은 큰 장애물이다. 인플레이션도 테마파크의 수익 개선을 괴롭히고 있다. 이는 결과적으로 소비자 가격 인상으로 이어질 수 있다.

디즈니와 유니버설이 내놓은 자료에 따르면, 테마파크 방문 수요는 전 세계적으로 강력하다. 경기가 나빠지면 소비자들은 휴가부터 철회한다. 이런 측면에서 테마파크는 소비 성향 회복 여부를 분석할 수 있는 주요 지표다. 본격적인 경기 침체가 이어지지 않을 경우, 테마파크 경기는 살아날 수 있다.

영화와 영화관

2022년은 팬데믹 이후 처음으로 온전히 영화가 상영된 해였다. 그러나 이익상승률은 2021년보다 낮았다. 대작 영화의 경우에는 팬데믹 이후에도 흥행이 잘되고 있다. 그러나 팬데믹 이전과는 패턴이 다르다. 오픈 초기에는 사람들이 몰려들다가 다음 주말이 되면 급격한 하락이 진행되는 패턴이다.

극장을 방문하는 이유나 고객들의 성향도 팬데믹 이전과 달라졌다. 중급 예산 영화 시장이 거의 사라졌다. 이에 따라 서치라이트나 포커스 피처스와 같은 중급 규모 전문배급사의 영향력이 크게 줄었다. 복고풍 영화의 흥행은 또 다른 흐름이다. 〈인디아나 존스〉〈존 윅〉 같은 오래된 시리즈물이 큰 주목을 받았다.

팬데믹 이후, 영화의 희망을 보여준 작품도 있다. 바로 애니메이션 영화 〈슈퍼마리오 더 무비The Super Mario The Movie〉다. 이 영화는 개봉 26일 만에 글로벌 박스오피스 10억 달러를 돌파했다. 유니버설, 일루미네이션, 닌텐도 등이 합작해 만든 이 작품은 북미 지역에서만 4억 9천만 달러의 매출을 거뒀다. 글로벌 시장에서는 5억 3,200만 달러의 매출을 달성했다. 이 영화는 팬데믹 이후 10억 달러 클럽에 들어선 다섯 번째 작품이 됐다. 〈스파이더맨: 노 웨이 홈〉 〈탑건: 매버릭〉 〈주라기월드: 도미니언〉 〈아바타: 물의 길〉이 그보다 먼저 10억 달러를 넘었다.

극장 역시 팬데믹 이후 가장 많이 바뀐 플랫폼이다. 극장 티켓 가격은 좌석, 상영시간, 요일에 따라 다르다. 주말에는 비싸게 표를 살 수밖에 없고, 어느 자리냐에 따라서도 티켓 가격이 다르다. 영화관은 팬데믹과 함께 스트리밍 서비스가 확산하면서 타격을 크게 입었다.

과거에는 극장에서 상영되던 프로그램이 이제는 스트리밍으로 자리를 옮겨가고 있다. 이런 트렌드는 앞으로 더 심해질 것으로 보인다. 이에 미국 2위 극장 체인인 씨네월드Cineworld가 파산을 선언하기도 했다. 미국과 영국, 아일랜드 등에서 극장 사업을 하고 있는 씨네월드는 2,000여 개 스크린을 폐쇄한 채 새 주인을 찾고 있다. 티켓 판매는 코로나바이러스 이전 수준을 회복하지 못하고 있다. 많은 영화가 스트리밍으로 직행함에 따라 제대로 된 작품을 편성하기도 어려운 상황이 이어지고 있다.

스트리밍 이탈

미국 내 유료 구독 스트리밍 서비스svod 이탈률은 2020년 이후 점차 높아지고 있다. 스트리밍 서비스가 늘어나면서 경쟁이 더 치열해지고 있기 때문이다. 글로벌 조사 분석 회사 '안테나'에 따르면, 2022년에 스트리밍 서비스 취소율이 최고 수준으로 높아졌다. 경기 불황 시 대규모 이탈이 있을 것이라는 애초의 예상보다는 나은 수준이었지만, 원하는 스트리밍과 콘텐츠를 찾아 소비자들이 적극적으로 움직이고 있는 것은 사실이다. 스트리밍 구독을 중단하고 다른 스트리밍으로 옮겨가는 것이다.

스트리밍 구독 중단은, 경제적인 이유도 있겠지만, 콘텐츠와 관련된 문제일 가능성이 더 크다. 재미있는 콘텐츠를 찾아 떠나는 것이다. 고객들을 더 잡아두기 위해서는 콘텐츠 공급과 함께 검색 등의 서비스를 개선하는 노력이 필요하다.

스트리밍 이탈은 경기 침체가 깊어질수록 점점 더 심각해질 수밖에 없다. 그러나 스트리밍 서비스로의 이동은 피할 수 없는 대세다. 특히, 넷플릭스와 디즈니+가 가격이 저렴한 광고 기반 스트리밍 서비스를 내놓은 만큼 더 큰 확산도 예상된다.

무료 스트리밍 TV의 확산

스트리밍 서비스의 확산세가 거센 가운데, 광고 기반 무료 스트리밍 TV Free Ad-Supported Streaming TV Channel, FAST 와 광고 기반 무료 VOD도 점유율이 높아지고 있다. 광고를 보는 대신 TV 콘텐츠를 무료로 볼 수 있는 FAST는 스마트TV의 확산에 큰 덕을 보고 있다. FAST 채널에서는 TV 콘텐츠와 영화, 오리지널 시리즈 등이 방송된다.

스마트TV에서는 FAST가 실시간 TV 채널과 별다른 차이가 없다. 인터넷 연결이 가능한 스마트TV에서 시청자들은 실시간 TV만큼이나 유튜브, FAST 등 무료 광고 기반 채널을 보고 있다.

대형 미디어 기업들도 FAST에 합류하고 있다. 워너브러더스 디스커버리 역시 2023년에 FAST 채널 서비스를 시작한다. 디즈니, 넷플릭스도 FAST 시장 성장을 예의주시하고 있다. FAST 서비스에서 제공하는 채널 수는 250~400개나 된다. 시청시간도 계속 늘고 있다. FAST가 또 다른 TV가 되어가고 있다.

광고 시장도 커지고 있다. 다만 2022년 4분기에 디즈니+와 넷플릭스가 광고 기반 저가 상품을 출시한 이후부터 FAST 사업자들의 매출이 다소 줄어들었다. 이들이 일부 FAST 광고를 잠식했기 때문이다.

유료 스트리밍 서비스의 위기

미국 유료 스트리밍 서비스는 이전보다 투자자들의 압박을 강하게 받고 있다. 투자자들은 구독자 숫자보다 이익을 원한다. 가입자 수는 더 이상 투자자들을 만족시키지 못한다. 그러나 스트리밍 서비스들은 수익 달성에 어려움을 겪고 있다. 스트리밍 서비스 플랫폼을 운영하기 위해 상당한 지출도 필요하다.

스트리밍 서비스들은 저마다 흑자를 예상하고 있다. 그러나 급격한 가격 인상 없이 이 목표를 달성하려면 상당한 수준의 비용 절감이 필요하다. 업계 전반에 걸쳐 공격적인 전략이 펼쳐지는 상황에서 스트리밍 서비스마다 자신들만의 성공 전략을 찾는 한 해가 될 것으로 보인다. 이 과정에서 시행착오는 불가피하다. 다른 스튜디오의 콘텐츠를 라이선싱하는 것부터 인수합병까지, 다양한 전략이 펼쳐질 것으로 보인다. 그러나 경기 침체는 변할 수 없는 현실이다.

커넥티드 TV

디즈니+와 넷플릭스, HBO맥스가 광고 버전 상품을 내놓은 가운데, 커넥티드 TV 광고 시장이 얼마나 더 커질지에 관심이 집중되고 있다. TV로 스트리밍 서비스를 보는 고객이 늘고 있기 때문이다. 결과적으로 TV 시청시간의 상당 부분이 스트리밍으로 소비될 것으로 보인다. 이에 커넥티드 광고 시장을 이해하는 것은 모든 광고주나 미디어 회사에 매우 중요하다.

스마트기기 보급률이 100%에 이르지만, TV는 여전히 소비자들의 콘텐츠 시청시간을 장악하고 있다. 이에 스마트TV는 2020년대의 셋톱박스가 될 가능성이 크다. 스마트TV를 장악하는 사업자가 스트리밍과 미래 콘텐츠 소비 시장을 장악할 확률이 높다. 아마존과 로쿠, 컴캐스트 등이 자체 스마트TV를 출시하는 이유도 여기에 있다.

광고 기반 무료 및 저가 스트리밍 서비스는 커넥티드 TV 보유 가구에서 많은 소비가 일어나고 있다. 이 같은 이유로 커넥티드 TV 광고 시장도 커지고 있다. IAB에 따르면 2022년 커넥티드 TV 광고 시장은 21억2천만 달러 규모였다. 향후 몇 년간 스트리밍 TV 확산 속도가 더 빨라지고, 전통적인 TV의 소비는 감소할 것으로 보인다. 스트리밍이 소비자들의 대표적인 시청 포맷이 될 것이 자명하다.

실시간 TV 시청률 감소

실시간 TV 시장은 날이 갈수록 규모가 작아지고 있다. 여전히 중요한 위치를 차지하고 있기는 하지만, 시청자와 구독자 수가 줄어들 것이라는 경고음이 계속 울리고 있다. 실시간 TV의 경우, 광고 수익이 시청 규모에 의해 좌우되기 때문에, 전반적인 침체는 큰 문제다.

스트리밍 서비스는 2022년을 기점으로 미국 케이블TV와 지상파 방송 점유율을 넘어섰다. 이제 시청자들이 스마트TV에서 가장 많이 보는 포맷은 실시간 TV가 아니라 스트리밍이다. 사실 최근에는 과거보다 훨씬 많은 콘텐츠가 스트리밍으로 방송되고 있어서, 실시간 TV 시청률이 더 크게 떨어지고 있다. 시청률 감소는 TV 가치의 하락을 불러오고 있다. TV 광고 시장은 아직 건재하지만, 점유율은 계속 줄어들고 있다.

유료 방송 이탈 러시

유료 방송PAY TV을 중단하고 스트리밍 서비스로 옮겨가는 코드 커팅Cord-Cutting이 계속되고 있다. 버라이어티에 따르면, 2021년 3분기부터 2022년 3분기 사이에 500만 명의 구독자가 유료 방송을 떠났다. 사실 TV 뉴스나 스포츠에 집착하는 소비자가 아니라면, 미국에서 유료 방송을 유지할 이유가 없다.

스포츠는 유료 방송에서 매우 중요하다. NFL 등의 스포츠 중계는 유료 방송을 유지할 수 있게 해주는 핵심이다. 뉴스 역시 유료 방송에 매우 중요하다. 뉴스의 인기가 떨어지고 있지만, 속보 뉴스는 여전히 가치가 있다. 그러나 스포츠 중계권은 방송사에 있어 계륵 같은 존재다. 스포츠 중계를 편성하면 시청률이 유지되거나 상승하지만, 중계권 가격이 계속 올라가고 있기 때문이다. 게다가 경쟁이 붙으면 중계권 가격이 더 높아질 수밖에 없다.

많은 스포츠가 스트리밍 서비스로 옮겨가고 있다. 메이저리그 야구MLB나 축구MLS도 애플 TV+가 중계에 나섰다. 넷플릭스는 스포츠 중계에 아직 나서고 있지 않지만, 스트리밍 경쟁이 치열해질 경우, 상황이 바뀔 수도 있다.

콘텐츠 투자

2022년에는 TV와 스트리밍 서비스에 걸쳐 오리지널 시리즈 방송이 사상 최대를 기록했다. 2023년에는 사상 처음으로 스트리밍 서비스 콘텐츠 공급이 케이블을 뛰어넘었다. 스트리밍으로 권력의 추가 넘어가는 의미 있는 장면이다.

TV와 스트리밍의 전쟁으로 인해 수년간 콘텐츠 투자가 최고조에 이른 이후, 경기 침체와 함께 할리우드 지형이 재조정되고 있다. 넷플릭스는 2022년에 콘텐츠 투자를 전년 대비 5% 정도 줄였고, 디즈니는 당초 예상했던 30억 달러 지출에 조금 못 미치는 투자를 했다. 스트리밍 기업들은 이제 제작을 줄이지 않으면서 투자 비용을 감소시켜야 하는 어려운 과제에 직면했다.

콘텐츠 투자 예산을 드라마틱하게 줄일 수는 없다. 다소 줄긴 했지만 팬데믹 이전보다는 높은 상황이다. 그럼에도 2023년 콘텐츠 투자 증가율은 2020년 이후 가장 낮을 수밖에 없다.

경제 위기가 이어지는 와중에도 할리우드의 스튜디오 인수합병이 계속되고 있다. 팬데믹 이후 스트리밍 서비스가 인기를 끌면서 콘텐츠 스튜디오와 제작사의 가치도 급격히 상승했다. 콘텐츠 스튜디오의 인기가 높아지자, 사모펀드들도 관심을 가지기 시작했다. 수준 높은 콘텐츠는 가치가 매우 크겠지만, 2021~2022년에 이어졌던 고평가가 이어지지는 않을 것 같다. 하지만 콘텐츠 스튜디오 매매 시장은 아직 판매자 중심이다. 경쟁이 바로 가라앉지는 않겠지만, 머지않아 구매자들이 더 전략적이고 신중하게 나설 수 있다.

특히, 경기 불확실성이 이어지면서 콘텐츠 스튜디오 구매 건수도 줄어들고 있다. 그러나 드라마 등 특정 콘텐츠는 다른 카테고리에 비해 더욱 가치가 높아질 것으로 보인다. FAST 시장이 확대되면서 예능이나 교양 관련 시장도 커질 것으로 보인다. 교양 콘텐츠 제작비는 드라마에 비해 훨씬 낮다.

인수합병

인수합병에 대한 통념은 '경제 상황이 좋지 않다면 개선될 때까지 미루라'는 것이다. 그러나 기업을 구매하는 가장 좋은 시점은 가치가 떨어졌을 때다. 자본의 관점에서 봤을 때, 2023년은 기업을 인수합병하기에 가장 좋은 시기다. 스트리밍 분야의 포화와 경쟁 때문이다.

인수합병의 가장 큰 걸림돌은 기관의 규제다. 현재 미국 미디어 및 테크 분야 M&A는 마이크로소프트의 블리자드 인수에 모든 관심이 쏠려있다.

2022년 12월, FTC는 690억 달러 규모에 달하는 이 거래를 중단시키기 위해 나섰다. 마이크로소프트의 게임기 X박스의 시장 점유율이 비대해진다는 이유에서다. 경제가 활성화되면 M&A가 붐을 이룬다. 2021년의 경우, M&A 건수와 평가 가치가 사상 최고 수준이었다. 그러나 2022년 하반기부터 시작된 경기 침체는 M&A 시장을 관망세로 전환시켰다.

빅테크와 규제

최근 빅테크의 영역 확장이 가속화되면서 규제 기관과의 갈등도 커지고 있다. 알파벳, 아마존, 메타, 마이크로소프트, 애플, 틱톡 등은 미국 정부의 반독점 규제 강화 움직임에 대항해 로비를 펼치고 있다. 6개 빅테크 기업이 2022년 한 해 동안 로비에 집행한 금액은 7,900만 달러에 이르는 것으로 알려졌다. 빅테크들은 다른 데서 비용을 절감하는 동시에 규제 극복을 위해 자원을 계속 투입하고 있다.

빅테크의 힘이 세지자 소비자들도 규제 기관에 동조하고 있다. 최근 '하버드 캡스/해리스'의 조사에 따르면 미국 유권자의 55%가 인터넷에 더 많은 규제가 필요하다고 응답했다. 49%는 소셜미디어를 지금보다 더 규제해야 한다고 답했다.

구글과 메타는 디지털 광고 시장을 장악하는 두 축이다. 그러나 최근 이들의 점유율이 떨어지고 있다. 버라이어티에 따르면, 2021년 전 세계 네트워크 트래픽에서 알파벳이 차지하는 비중이 21%였으나, 2022년에는 13.9%로 떨어졌다. 메타는 2021년 15.1%에서 2022년 6.5%에 그쳤다. 틱톡 등 경쟁사들이 점유율을 높이고 있고, AI의 기세도 맹렬하기 때문이다.

아마존이나 애플, 틱톡 등이 점유율을 높이기 위해 다른 회사를 인수할 수도 있겠지만, 규제 환경이 녹록지 않다. 알파벳과 메타는 다른 방식으로 서서히 그들의 점유율을 높여갈 것으로 보인다.

소셜미디어

틱톡의 시대가 계속되고 있다. 2018년 서비스를 시작한 이후 틱톡의 점유율은 해마다 계속 높아졌다. 2023년 2월 말 기준 틱톡의 미국 내 월간 방문자MAU는 1억5천만 명을 넘어섰다. 틱톡은 2022년 글로벌 시장에서 가장 많이 내려받은 앱이기도 하다. 앱토피아에 따르면 2022년 한 해 동안 다운로드 수가 6억7,200만 번이나 된다. 메타의 왓츠앱, 페이스북, 인스타그램 등을 앞섰다.

경기 침체로 인한 광고 시장 축소는 소셜미디어 매출 감소에 직접적인 원인이 되고 있다. 소셜미디어 서비스의 경우, 2021년 2월에 최대 매출을 기록했고, 이후로는 매출이 계속 감소하고 있다. 경기 침체가 당분간 이어질 것으로 보이는 만큼, 소셜미디어도 당분간 어려움을 겪을 것으로 전망된다.

틱톡이 향후 수년간 소셜미디어 시장을 지배할 것으로 보이지만, 인기는 조금씩 떨어지고 있다. 영원한 것은 없다. 틱톡의 빈자리는 비리얼Bereal 등 다른 앱이 채우고 있다. 실시간으로 자신의 위치를 알 수 있는 사진을 전송하는 비리얼은 2022년에 큰 인기를 얻었다. 소셜미디어의 핵심은 크리에이터들이다. 앞으로 이들의 중요성이 더 높아질 것으로 보인다.

음악과 오디오

라이브 음악은 2022년부터 활기를 되찾았지만, 레코드 음반 사업은 스트리밍 서비스로 무게 중심이 넘어왔다. 배드 버니Bad Bunny, 테일러 스위프트 등이 스포티파이 차트를 주도하면서 스트리밍 기록을 갈아치우고 있긴 하지만, 여전히 오래된 음악들이 전체 스트리밍의 75%를 차지하고 있다. 수익성 높은 과거의 음악들이 저작권 거래의 중심에 있는 셈이다. 스포티파이, 애플 뮤직 등 오디오 스트리밍 사업자들은 아마존 뮤직 라이브 콘서트 등 구독자들을 끌어오기 위한 단독 콘텐츠도 내보내고 있다.

스포티파이는 유료 스트리밍 서비스 이용자와 참여도에서 수위를 달리고 있다. 경쟁이 치열해졌지만, 여전히 1위 자리를 고수하고 있다. 그러나 영향력은 이전만 못 하다.

독점 팟캐스트 콘텐츠에 대거 투자했던 회사들은 그동안 많은 실패를 거듭했다. 팟캐스트 광고 시장이 생각만큼 성장하지 않았고, 유료 구독 시장 확대 속도도 느렸기 때문이다. 일부 인기 팟캐스트를 제외한 다른 콘텐츠는 광고를 위한 소비자 규모 확대에 어려움을 겪고 있다.

스트리밍 비디오 시장처럼 메이저 오디오 서비스 사업자들 역시 경기 악화로 인해 콘텐츠 지출을 줄이고 있다. 팟캐스트 광고 시장과 매출은 계속 증가하겠지만, 2020년과 2021년의 폭발적인 성장세에 비해서는 속도가 상당히 느려질 수 있다.

크리에이터 이코노미

아마존의 게임 중심 라이브 스트리밍 서비스 트위치 Twitch 가 2022년 크리에이터 이코노미 점유율을 크게 끌어올렸다. 이제 트위터 스트리머들은 유료 라이브 스트리밍을 진행하는 등 트위치를 상업용으로 활용하고 있다. 동시에 틱톡은 콘텐츠 크리에이터들에게 없어서는 안 될 필수 서비스가 됐다. 많은 크리에이터들이 틱톡을 통해 후원 회사나 광고 파트너를 찾고 있다. 유튜브와 인스타그램도 숏 폼 콘텐츠를 서비스하기 위한 플랫폼을 런칭했다.

많은 플랫폼들이 크리에이터와 수익을 공유하는 시스템을 도입하고 있다. 유튜브 쇼츠도 2022년 말부터 크리에이터와 광고 수익을 나누는 모델을 런칭했다. 크리에이터들이 생산하는 콘텐츠로 플랫폼 이용자들이 늘고, 이로 인해 광고가 늘면 수익도 높아지기 때문이다.

비디오게임

모바일 게임의 '게임 내 구매' 비율이 상승하면서 글로벌 게임 시장 규모가 2,000억 달러까지 성장했다. 2022년에는 게임 산업

내 M&A도 매우 활발하게 진행됐다. 이 중 마이크로소프트의 블라자드 인수 발표는 대형 이벤트였다.

모든 게임 유통사들에게 '포트나이트Fortnite'와 같은 인기 상품의 필요성은 분명하다. 소비자들이 경기 불황으로 인해 게임 소비를 점차 줄이고 있기 때문이다.

반도체 칩 공급 부족 현상이 해결되면서, 하드웨어 콘솔의 수급 불균형은 어느 정도 해결되었다. 문제는 최근 들어 콘텐츠 개발 주기가 길어지고 있다는 점이다. '포트나이트'나 '로블록스'와 같은 게임이 없는 회사들은 비즈니스를 대폭 줄이거나 인수자를 찾아 나서야 할 수도 있다. 최근 e스포츠, 클라우드 게임 등이 대세로 떠오르고 있지만, 아직은 콘텐츠 유통과 콘솔 게임이 시장을 지배하고 있다.

소비자 가전

소비자 가전 부문은 팬데믹 이후 찾아 온 경기 침체로 시장이 줄어들었다. 2022년까지 이어진 판매 과열과 인플레이션이 수요를 끌어내렸다. NRF National Retail Federation 에 따르면 미국 휴가시즌 소비자 가전제품 판매 비율이 1년 사이에 6%나 감소했다. 특히, PC나 스마트TV 판매량이 줄었다.

불확실성은 2023년에 더 가속화됐다. 기기 칩셋 공급망 문제가 여전히 골칫거리인 가운데, 소비자 지출에 미치는 경제 환경도 여전히 불투명하다. 경기 침체는 향후 전자 제품 판매에 악영향을 줄 것으로 보인다. 그러나 전체적인 지출은 줄지 않았다. 기술 발전으로 제품 기능이 계속 업그레이드됨에 따라 전자 제품 판매가 향후 몇 년 동안 회복세를 보일 것이라는 전망도 있다. 전체 스마트폰 시장이 하락하는 상황에서도 5G 스마트폰 출하량은 계속 증가하고 있고, 모바일 스트리밍 시청은 미디어 소비에서 더 큰 비중을 차지하고 있다.

VR

메타는 메타버스에서 고전하고 있다. 메타버스로 진입하는 관문 중 하나인 퀘스트 VR 헤드셋 판매량도 저조하다. VR과 같은 틈새시장의 경우, 소비자들은 사용 편의성이 높은 제품(물리적 편안함, 쉬운 설정 또는 저렴한 가격)을 선호했다. 쉽게 말해서, 쓰기 좋은 제품이 인기가 높다는 이야기다.

VR이 더 대중화되고 법적 안정성을 갖추기 위해서는 인상적인 경험을 독점적으로 전달해야 한다. 소니는 새로운 플레이스테이션 VR2 헤드셋으로 이 같은 측면에서 독보적인 위치를 차지하고 있다. 하지만 게임 개발에 필요한 시간과 리소스의 한계로 인해 독점 제품의 생산량을 늘리기가 어렵다. 빅테크도 VR에 가세하고 있다. 이들 대부분은 가상 현실과 증강 현실의 장점을 결합한 제품으로 소비자들을 만날 것으로 보인다.

특히, 애플이 2023년 후반에 공개할 것으로 보이는 혼합 현실MR, Mixed Reality 제품이 시장 확대의 분수령이 될 것으로 보인다. 만약 적절한 제품이 아이폰과 게임 등에 연동된다면, 애플이 VR 시장 경쟁에서 우위에 설 수 있다.

메타버스

메타버스가 전 세계를 흔들었지만, 아직은 여러 가지 난관이 많다. 하지만 의료, 교육 등 일부 영역에서는 메타버스가 활성화되고 있다. 엔터테인먼트 영역에서는 메타버스가 여전히 가능성이 크다. 버라이어티가 조사한 바에 따르면, 13~56세 응답자 중 67%가 메타버스가 가장 먼저 적용될 분야로 '비디오게임'이나 'e스포츠'를 꼽았다.

메타의 경우, 메타버스에 가장 적극적이다. 메타는 호라이즌Horizon이라는 3D 공간을 구축해 일과 놀이와 교육을 모두 메타버스에서 구현하도록 추진 중이다. 그러나 예상보다 시간이 오래 걸리고 있다.

게임 시장에서는 메타버스가 계속 확산할 것으로 보인다. 비록 2D 형식이지만, '포트나이트'와 '로블록스'는 메타버스에 가까운 기능을 구현한다. 블록체인 기반의 NFT나 웹3와 마찬가지로, 메타버스도 아직은 시간이 더 필요하다.

AI

생성 AI의 부상은 우리가 알고 있는 세상의 질서가 완전히 바뀔 것임을 예고했다. 거의 모든 영역에 AI가 탑재된다는 점에서 볼 때 결코 평가절하하기 어렵다. 챗GPT는 많은 생성 AI 소프트웨어 중 하나일 뿐이다. 음악, 미디어, 교육, 여행 등 각 분야에 최적화된 AI가 등장하는 것은 시간문제다.

생성 AI가 이미 여러 분야에 적용되고 있기 때문에, 법적 이슈들도 계속해서 불거질 것으로 보인다. 공적 이용 여부와 저작권 위반 판단은 앞으로 AI를 둘러싼 가장 첨예한 주제가 될 것이다. 투자자들도 AI에 몰려들고 있어서, 앞으로 AI 확산과 동시에 법적 문제들이 치열하게 제기될 것이다.

엔터테인먼트 시장의 변화는 시작일 뿐이다. AI가 게임 체인저가 될 수도 있다. 알파벳과 마이크로소프트가 시장에 가세했고 메타 역시 AI 분야에서 진입 속도를 높이고 있다.

AI, 거부할 수 없는 미래

우리가 AI를 중요하게 보는 이유는 '인터넷 등장 이후 가장 큰 변화'가 예상되기 때문이다. AI는 우리의 모든 것을 바꿀 것으로 보인다. 인터넷이 그랬던 것처럼 말이다. AI는 이미 많은 것을 만들어냈다. 그러나 여기가 끝이 아니다. AI는 지금도 진화하고 있다. 사람들이 잠을 자는 사이에도 AI는 데이터를 학습하면서 인간의 지능을 빠르게 학습하고 있다.

이에 AI 회의론자들도 AI를 다시 보기 시작했다. 대표적인 인물이 전기자동차 테슬라Tesla의 창업주 일론 머스크다. 사실 머스크는 AI의 중요성을 일찍부터 알고 있었다. 이에 오픈AI에 공동 투자했다. 머스크는 샘 알트만Sam Altman과 오픈AI를 공동 창업했지만, 2018년에 이사회를 그만두면서 회사와의 관계를 정리했다.

일론 머스크의 폭스 뉴스 인터뷰 (출처 : 유튜브)

머스크가 오픈AI를 떠난 공식적인 이유는 AI가 쓸모없기 때문
이 아니다. 머스크는 폭스 뉴스와의 인터뷰에서 "나는 오픈AI의
팀과 회사 운영에 대한 의견이 달랐다."라고 말한 바 있다. 오픈AI
의 이사에서 물러난 뒤, 머스크는 계속 이 회사를 비난했다.

머스크와 알트만이 가장 크게 의견 차이를 보인 부분은 AI의 개
발 속도였던 것으로 알려졌다. 2023년 2월, 머스크는 오픈AI를
"마이크로소프트가 통제하는 폐쇄적인 수익 추구 회사"라고 비판
했다. 〈세마포Semafor〉는 알트만 등이 자신의 아이디어를 거부하자
머스크가 직접 CEO에 오르려고 했다고 보도하기도 했다. 이후

머스크는 챗GPT의 성공에 엄청나게 분노한 것으로 알려졌다.

결국, 머스크도 AI 시장에 다시 들어왔다. AI가 인류의 미래에 가장 큰 위협이라고도 이야기했지만, AI의 발전이 전기자동차나 스페이스X 등 본인이 가진 회사들에도 영향을 미칠 수밖에 없다고 판단한 것으로 보인다.

2023년 2월, 일론 머스크는 챗GPT와 경쟁할 수 있는 AI 스타트업을 만들겠다고 공식적으로 선언했다. 2023년 4월 18일에는 폭스 뉴스의 인기 프로그램 〈터커 카슨 투나잇 Tucker Carlson Tonight 〉과의 인터뷰에서 자신의 AI 플랫폼 정복 계획을 공개했다.

머스크가 공개한 AI 이름은 '트루스GPT TruthGPT'다. 트럼프가 미의회 폭동 이후 여러 소셜미디어가 자신을 퇴출하자, 자신이 직접 '트루스 소셜'을 공개했던 것처럼, AI로 인한 왜곡을 막겠다는 의지를 담은 것이다. 머스크는 이 AI 챗봇이 챗GPT와 다른 AI 챗봇의 편견과 맞설 것이라고 강조했다.

머스크는 방송에서 "트루스GPT는 우주의 본질을 이해하는 최고의 진실 추구 AI다. 이 AI는 안전성을 최우선에 둘 것"이라고 강조했다. 기존 AI의 경우, 편향된 이념을 가진 사람들이 개발에 참여하면서 진실을 왜곡하고 있다는 판단 때문이다. 머스크는 "편향된 이념을 가진 프로그래머들이 AI 기술을 사용해 사실을 속이고 가짜 뉴스를 유통할 수 있다."라고 설명했다.

머스크는 이 방송에서 AI의 위험성을 여러 차례 언급했다. 머스크는 "지금 그들은 AI가 거짓말을 하도록 학습시키고 있다. 이는 나쁜 일이다. AI는 항공기나 자동차의 잘못된 설계나 생산보다 위험하다."라고 강조했다. 머스크는 자신이 인수한 트위터(현 엑스)에도 AI를 접목하기 위해 노력 중이다.

무섭게 성장하고 있는 AI에 대한 속도 조절도 주문했다. 머스크는 "현재의 AI 기술은 정부의 규제 없이 급격히 발전하고 있다. AI는 대중에게 매우 위험한 존재가 될 수 있고, 미래 인류에게도 위협이 될 것"이라고 언급했다. 머스크는 실리콘밸리 연구자들에게 AI 개발을 6개월만 중단해달라는 메시지를 전하기도 했다.

머스크가 가장 우려하는 것은 인간을 뛰어넘는 AI다. 그는 이미 그런 조짐이 보인다고도 말했다. 머스크는 "지금도 AI는 대다수 사람의 능력을 뛰어넘었다. 많은 사람이 GPT만큼 글을 쓰지 못한다. 내가 아는 한 그렇게 빨리 글을 쓰는 사람은 없다."라고 설명했다. 이런 이유로 정부가 AI를 막을 강력한 권한을 가져야 한다고 주장했다. 머스크는 위기가 발생한다면 미국 정부가 AI 서버 전원을 내릴 수 있는 위기대응 권한을 가져야 한다고 말했다. 물론 진짜 그런 권한을 가져야 한다는 의미가 아니고, 급변하는 AI

발전 과정에서 정부가 제대로 된 역할을 해야 한다는 이야기다.

AI는 우리 사회의 많은 것을 바꾸었고, 두려울 정도의 성능을 보여 주고 있다. 심지어 선거에까지 영향을 미치고 있다. 머스크도 AI를 규제해야 하는 대표적인 이유로 선거를 들었다. "AI가 선거에 영향을 미칠 것이다. 그래서 규제를 강화해야 한다. 사람들이 AI를 선거 도구로 사용할 가능성이 매우 크다. 상황이 아주 이상해지고 있다."라고 말했다.

AI로부터 안전한 곳은 없다. 그러나 AI를 잘 활용하면 사회를 보다 안전하게 유지할 수 있다. 엔터테인먼트 시장도 마찬가지다. 노동집약적인 성격이 강했던 기존 엔터테인먼트 시장에는 AI가 바꿔놓을 영역이 많고, 앞으로 더 많은 역할을 하게 될 것으로 보인다. 'AI가 바꿔놓은 엔터테인먼트 시장'에 집중한 이유도 여기에 있다. 다시 한번 강조하지만, AI는 과거의 어떤 테크놀로지보다 산업의 중심에서 큰 변화를 야기할 것이다.

앞서 언급했듯이, 이미지 생성 AI는 일반인들의 호기심을 넘어 영화, 드라마 제작 현장까지 깊숙이 들어와 있다. 달E와 스테이블 디퓨전을 탑재한 렌사Lensa 등이 콘텐츠 제작 현장에서 널리 쓰이고 있다. 렌사는 2018년에 사진 편집 툴로 처음 등장했는데, 2023년 1월 '매직 아바타Magic Avatars' 기능을 내놓으면서 AI 툴로 진화했다. 인물 사진을 AI 기술을 이용해 디지털 아바타로 변환시킬 수 있는 기능이다. 렌사에 적용할 수 있는 이미지는 다양하다. 애니메이션의 주인공으로 변환할 수도 있고, 좋아하는 예술 작품을 배경으로 한 아바타도 만들어 낼 수 있다.

한국에서도 엔터테인먼트 AI에 관심이 크다. 투자 혹한기에도 엔터테인먼트 AI에 대한 투자가 이어지고 있다. 한국 AI 기업 뤼튼테크놀로지스는 2023년 6월에 150억 원 규모의 투자를 유치했다. 뤼튼의 사례는 투자 심리가 얼어붙은 상황에서도 대규모 자금을 끌어모았다는 점에서 높은 평가를 받았다.

뤼튼은 국내 생성 AI 분야에서 주목받는 기업 중 하나다. 오픈AI의 GPT-4와 네이버 하이퍼클로버에 이어 자체 언어모델을 기반으로 한 AI 포털 서비스 '뤼튼Wrtn 2.0'을 운영한다. 뤼튼은 활용도가 높다. 사용자가 입력한 텍스트 명령어에 따라 다양한 답을 만들어낸다. 마케팅 문구나 간단한 보고서 등을 만들어내는데, 매우 효과적이다. 마케터, 크리에이터, 소상공인 등 글쓰기 분야에서 어려움을 겪는 사람들이 광고, 영업용 이메일, 블로그 등을 손쉽게 작성할 수 있다. 뤼튼의 목적은 창작이 아닌 업무에 필요한 텍스트를 생산하는 데 있다. 만약 뤼튼의 목표가 실현된다면, 업계 창작자들은 자신들의 핵심 업무에만 집중할 수 있게 될 것이다. 뤼튼은 이 같은 기술력을 바탕으로 CES2023에서 혁신상을 받기도 했다. 뤼튼에 따르면 2023년 6월 현재, 약 22억 개 이상의 한국어 단어를 생성했다.

생성 AI는 인간이 하는 일의 상당 부분을 대체하고 있다. 하지만 이제 우리는 AI를 거부할 수 없다. AI가 만드는 새로운 경제, 즉 'AI 이코노미'가 시작되었고 계속 진화할 것이다. AI를 떼어놓을 수 없게 된 만큼, 과거 어느 때보다 AI를 더 잘 사용할 수 있는 능력을 갖춰야 한다.